本书系 2013 年度教育部人文社会科学研究规划基金项目
“幼儿园养成教育研究”（项目批准号：13YJA880085）成果

幼儿园保育员工作指南

伍香平　彭丽华◎主编

U0965914

中国轻工业出版社

图书在版编目（CIP）数据

幼儿园保育员工作指南/伍香平，彭丽华主编．—
北京：中国轻工业出版社，2014.2（2026.1重印）
ISBN 978-7-5019-9620-9

Ⅰ．①幼…　Ⅱ．①伍…　②彭…　Ⅲ．①幼教人
员—工作—指南　Ⅳ．①G615

中国版本图书馆CIP数据核字（2013）第309755号

责任编辑：吴　红　　责任终审：腾炎福
策划编辑：高　君　　责任校对：吴维斌　　责任监印：刘志颖

出版发行：中国轻工业出版社（北京鲁谷东街5号，邮编：100040）
印　　刷：三河市鑫金马印装有限公司
经　　销：各地新华书店
版　　次：2026年1月第1版第15次印刷
开　　本：710×1000　1/16　印张：10
字　　数：81千字
印　　数：54001—56000
书　　号：ISBN 978-7-5019-9620-9　定价：20.00元
读者热线：010-65181109
发行电话：010-85119832　010-85119912
网　　址：http://www.chlip.com.cn　http://www.wqedu.com
电子信箱：1012305542@qq.com

252124Y1C115ZBW

编写名单

主编：伍香平　　彭丽华

编委：李　平　　樊光美　　时慧新　　张高林

李　玲　　俞荣华　　孙智慧　　许丽云

张　胜　　吴红玲　　李新堰　　方丹妮

周　平　　刘　萍　　徐　筠　　李慕捷

刘　铌　　马　慧　　熊　芳　　彭丽华

前 言

“两教一保”是幼儿园班级人员配备的基本要求，2013年《幼儿园教职员工配备标准（暂行）》中再一次强调了保育员配备的重要性。文件中不仅明确要求全日制幼儿园每班必须配备一名保育员，还建议半日制幼儿园或单班学前教育机构按班配备保育员，这就使得原本配备不足或新建改扩建的幼儿园都要进一步配备保育员，保育员的人员数量必然会大幅增加。保育员基本的上岗要求是什么呢？应该具备怎样的素质和技能呢？幼儿园保育员的基本工作内容和具体操作方法是怎样的？如何才能使保育工作更有效率？如何做到保教合一？面对当前来源复杂、素质参差不齐的保育员队伍，这些问题显得尤其重要。笔者力图从优秀保育员的工作回眸中找寻答案，供广大的保育员朋友和即将走上保育岗位的同人们参考借鉴。

保育员最应具备什么样的素质？笔者认为首先不是学历、不是专业技能，而是品质——拥有“五颗心”的品质。第一颗心是“爱心”——保育员要真心地喜欢幼儿，热爱幼儿园的工作，喜欢幼儿园的环境，适应幼儿园的生活节奏，愿意配合教师，乐意与家长沟通。第二颗心是“耐心”——对无知无畏、天性好动的幼儿要耐得了烦、忍得住苦、吃得了亏，对天天大同小异的工作要耐得住单调、忍得了酸痛、受得了批评。第三颗心是“细心”——面对稚嫩的幼儿要能够细心观察、呵护和引导，面对琐碎的工作要能够事无巨细、环环相扣、有序流畅，对于生活、学习、交往与游戏的各个活动环节要能够细致周到，对于幼儿和家长的教育指导要能够细腻入微、情深入骨。第四颗心是“用心”——对幼儿的生活要熟悉于心，对教师工作的配合要求要了然于心，对家长的期待要铭记于心，对于保教常规工作要能抱探索之心，能主动去尝试多样化的、科学适宜的保育方法。第五颗心是“专心”——对于保育工作要有专业思考之心，对保育常规要有专业研究之心，对幼儿成长指导要有专业教育之心，以专业人员的意识来思考专业化保育的问题，以专业的保教方法来实施专业化的保教工作。

如何成为拥有“五颗心”的优质保育员？本书试图让经验丰富的保育员、骨干教师和园长们来回答这个问题，尝试从全面认识保育与保育员工作的重要价值入手，延展出保育员工作的基本职责和常规工作内容。如何才能拥有保育工作需要的各种技能和工作方法？接下来的章节中按照幼儿园保育工作的需要从卫生管理、生活管理和配班工作等方面呈现了保育员的具体工作内容和方法。其中，卫生管理工作主要围绕清洁卫生与日常消毒进行阐述，既提供了卫生管理的质量标准，又呈现了比较具体的操作方法；在生活管理的章节中，本书不仅以典型问题与分析的方式阐述了常规生活管理的各项内容和工作方法，还单独列出了“健康观察”的内容，对幼儿的身体、情绪和预防接种进行观察，真正体现了关注幼儿身体与心理全面健康发展的理念，非常具有时代感和创新性。

近三年是我国学前教育的大发展时期，学习与贯彻《3—6岁儿童学习与发展指南》精神时，如何将“以幼儿为本”的思想深入落实到保育与教育工作中，在本书有较好的体现。本书的作者涵盖了优秀的保育员、骨干教师、精英园长和专业的教研人员，他们既懂得学前教育的内涵要求，也熟悉幼儿园工作常规，还理解保育与教育合一的适宜方法和途径。本书所列举的案例都来自于他们对实践的反思和总结，实用性强。因此整体上看，全书呈现出理论与实践相结合、讲解示范与案例分析相结合的特点，通俗易懂，既适用于保育员岗前培训，也适用于在岗保育员学习研讨，还可为幼儿家长提供养育参考借鉴。

全书既想从意义价值探寻中导出保育员工作的重要性，又想以典型现象分析来展示保育工作的现实问题，还想以生动的案例来呈现多样化的保育方法；然而受能力与水平所限，书中难免存在这样或那样的疏漏或不足，敬请同行批评指正。

伍香平

2013年12月12日

目　录

导　言

幼儿园保育员是幼儿园保教队伍中不可或缺的一个群体，他们负责幼儿园的卫生、消毒工作以及幼儿的饮食起居。这些看似平凡的工作，实际上是幼儿园可靠的后勤保障；这些看似平淡的工作程序，保证了幼儿园的清洁和整齐。伴随着保育员默默的付出与精细的操作，幼儿园的各项工作才能得以顺利进行，幼儿的健康和发展才能得到保证。

一、幼儿园保育工作的意义

1996年原国家教委颁布的《幼儿园工作规程》中第三条对于幼儿园的任务有这样的陈述：“幼儿园实行保育与教育相结合的原则，对幼儿实施体、智、德、美诸方面全面发展的教育，促进其身心和谐发展。幼儿园同时为家长参加工作、学习提供便利条件。”为此，幼儿园必须创设和配备与幼儿园工作任务相适应的环境、设备以及相关人员，而保育员的配备也成为保证幼儿园正常运转的必需和必要条件。

什么是保育员呢？保育员，是指在托幼园所、社会福利机构及其他保育机构中，辅助教师负责婴幼儿保健、养育和协助教师对婴幼儿进行教育的人员。由此可见，幼儿园的保育员在幼儿的成长与发展中扮演着呵护者、照料者、指导者、教育者等多重角色，对幼儿的身心健康、行为习惯以及个性、情感等各方面都产生深刻的影响。那么，为什么幼儿园要配备保育员呢？幼儿园为什么要实施保教一体的教育呢？

1. 幼儿生长发育的特点决定了幼儿园要精心做好保育工作

对于学前儿童而言，健康无疑是最重要的。幼儿年龄小，自我保护及预防外界传染病的能力较弱，这就决定了幼儿园教育必须以精心的保育为基础。幼儿园保育员能对幼儿进行科学的护理，能为幼儿创设整洁干净的活动环境，能为幼儿提供清新、舒适的进餐、睡眠环境等，使幼儿的身体健康得到了保障。

2. 幼儿的心理发展水平决定了成人必须对他们细心呵护

幼儿对教师或者保育员的依恋和依赖能促使他们对幼儿园这个新环境产生归属感，而教师和保育员对幼儿的宽容、亲近、友好能让幼儿产生强烈的信任感和安全感。幼儿的健康不仅仅是身体上的健康，心理健康同等重要。因此，保育员要用亲切的态度、细心的呵护、温暖的怀抱以及精心的生活照料，为幼儿的心理健康提供“营养餐点”。

3. 幼儿顺利适应幼儿园的集体生活需要保教结合

幼儿离开一切都由爸爸妈妈或者爷爷奶奶包办的家，来到吃喝拉撒睡都需要自理的集体生活中，需要慢慢地过渡与学习，这需要一个过程。幼儿园要顺应幼儿的年龄特点，有计划、有步骤地逐步帮助幼儿成长。所以，幼儿园的保教结合既是必要，也是必需。

4. 对幼儿成长的全面关怀及为幼儿家长服务的必要

我国幼儿教育的优良传统就是“保教并重”、“保教结合”，以此来体现对幼儿成长的全面关怀以及对幼儿家长负责的精神。幼儿园保育的地位是不容忽视和小觑的。细致的保育工作不仅可以保证幼儿的身体健康，比如给予幼儿足够的身体营养、隔绝传染病的侵入等，避免家长对入园后的孩子牵挂与担心，还能切实地把幼儿的养成教育落到实处，帮助幼儿从小养成良好的生活习惯，使其终身受益。

所以，保育员的工作，肩负着幼儿园健康教育的重任。

二、保育员的工作职责

在一般人的印象中，幼儿园的保育员只要管好幼儿的生活起居、适当配合一下教师进行教育活动就可以了，这是一种误解，尤其是当前有些幼儿园在“重教轻保”中衍生出的一种错误定位。《幼儿园工作规程》第三十八条非常明确地提出了保育员必须由受过幼儿保育职业培训且学历在初中水平以上的人担任，其主要职责有四个方面：负责全园的卫生工作；管理好幼儿，配合教师组织教育活动；严格执行幼儿园安全和卫生保健制度；妥善保管幼儿的衣物和本班的设备、用具。

随着社会发展需求的变化和保育员职业水平的提升，现在已经形成初、中、高三个等级认定的标准，也就是说将保育员的职责与实际工作需要进行了对接，越来越具体细化。

幼儿园的保育工作在实施的过程中，受地域和幼儿园自身管理的影响，也为了更加便于管理与考核，一般情况下会细化保育员的工作职责，并落实在幼儿园一日生活的各个环节之中，这样保育员在工作和操作时就有依据、有标准了。下面是某幼儿园对于该园的保育员工作职责做出的具体规定：

幼儿园保育员工作职责

- 热爱幼儿，热爱本职工作，忠于职守。关心、耐心、细心、热心地对待幼儿，配合主班教师，全面、细致地照顾幼儿每日的生活。培养幼儿良好的行为习惯和生活、卫生习惯。
- 负责本班房舍、设备、环境的清洁卫生工作。做到每天小扫除，每周大扫除，经常保持活动室内空气的流通，保证幼儿有一个舒适、干净的环境。
- 指导、督促幼儿餐前、便后洗手等，帮助幼儿养成良好的生活、卫生习惯。餐前用消毒水擦干净桌子，准备餐具、擦嘴巾。进餐过程中，根据幼儿的饭量随时添加饭菜，不催促幼儿，满足每个幼儿的饭菜需求，不让幼儿抬送餐具。保持班内环境和设备的清洁、整齐，做好餐前餐后的准备和收拾工作。
- 按照消毒制度的规定，认真做好幼儿水杯、毛巾、碗、筷的消毒工作，认真做好水杯架和饭前饭后餐桌的消毒工作。
- 每天及时冲洗厕所，做到厕所槽内无污垢，保持厕所内清洁无臭味。
- 严格执行各项安全制度，做好幼儿的生活管理和卫生保健工作。上班时做到精神集中，不打瞌睡。根据天气变化，及时为幼儿增减衣物，指导幼儿洗脸、洗手，帮助幼儿剪指甲。每天及时统计幼儿就餐人数。

- 细心观察幼儿的情绪、食欲、睡眠及大小便情况，发现病情及时报告校医。如若发现班上有幼儿患上传染病，要及时对玩具、被褥、用具等进行消毒。
- 了解幼儿的体质情况，对体弱儿要给予特殊照顾。如有幼儿尿床，要及时换衣、晾晒被褥，严禁责骂幼儿。
- 幼儿起床后整理清洁好午睡室，每天下午帮助幼儿整理好离园的衣服和背包。
- 认真做好卫生包干区的卫生工作和保洁工作，每天下班前倾倒垃圾，做到垃圾不过夜。下午下班前要关好门窗、关闭电源。
- 在医务人员和本班教师指导下严格执行幼儿园安全、卫生保健制度，夏天做好防暑降温和防蚊、防蝇工作，保证幼儿开水供应。冬季做好防寒保暖工作，定期清洗、消毒玩具，保持睡具、玩具的清洁卫生。
- 检查幼儿大小便后整理服装的情况，幼儿便溺后及时处理，清洗衣物。

三、保育员的专业成长

随着幼儿教育改革的深入发展以及教育思想、教育观念的不断更新，学前教育工作者已深刻认识到：在幼儿园，保育员和教师一样，其言行举止都对幼儿具有潜移默化的影响。幼儿园在大力倡导通过园本教研来提升幼儿教师专业素质的同时，保育员的专业提升同样需要得到重视。

（一）保育员专业化的必要性

专业化是指一个普通的职业群体在一定时期内，逐渐符合专业标准成为专门职业，并获得相应的专业地位的过程。保育员专业化，是指保育员个体专业水平提高的过程与保育员队伍群体为争取保育职业的专业地位而努力的过程。

保育员的专业化包含两层意思：一是保育员个体的专业化，二是保育员群体的专业化。保育员个体的专业化，是指保育员在整个专业生涯中，依托专业组织，通过终身的专业学习，习得保育和教育的专业技能，实施专业自主，表现专业道德，逐步提高自身从事保育工作的素质，成为一个良好的保育和教育工作者的专业成长过程。而保育员群体的专业化，是指保育员群体在经过一段时间的专业成长过程中，逐步获得保育员职业专业化地位和保育员队伍专业知识提高，专业技能不断得到改进和丰富的专业发展过程。这二者密切联系，不可分割，共同构成保育员的专业化。

从保育员自身来讲，许多保育员认为只要做好清洁消毒工作、照顾好幼儿的基本生活就足够了，教育幼儿的事情是教师的责任，与自己没有多大关系，没有将自己定位在教育者的角色上，因此他们在幼儿教育方面的工作不够到位，自我提高、工作反思的意识不强。此外，目前，在幼儿园班级教养人员的配置上，往往有教师和保育员之分，而无论是在人们的传统认识中，还是在《幼儿园工作规程》中，对保育员素质的要求都比对教师的要求低，因此，保育员容易产生低人一等的自卑感，妨碍了保育员的工作积极性和对自我专业化发展的期望。

中国教育学会会长顾明远教授说过这样一句话：“社会职业有

一条铁的规律，即只有专业化才有社会地位，才能受到社会的尊重。如果一种职业是人人可以担任的，则在社会上是没有地位的。”保育员如果没有社会地位，保育员的职业就不会被社会尊重，这就意味着保育员这个职业必须更加专业化。

（二）保育员应具备的专业化条件

提升保育员的专业化水平必须有一个前提，那就是保育员必须具备一定的专业化条件。保育员应具备的专业化条件有以下几点：

- 专业知识与技能。专业知识与技能是保育员专业必须具备的素质，只有掌握了一定的理论和技能，保育员才能更好地了解幼儿教育的发展趋势，了解幼儿的生理、心理发展特点，才能在工作实践中采取合适的教育手段和措施来施加相应的保育和教育，才能发挥自身的功能，培养自身的创新意识和创新能力，才能更好地做好家园联系工作，达到共同对幼儿进行保育和教育的目的。

  具体说来，保育员的专业知识与技能包括：基本的科学文化知识、系统的学科专业知识（婴幼儿卫生保健知识、婴幼儿心理发展基础知识、婴幼儿教育基础知识）、工作技能（卫生消毒技能、生活管理技能、教育活动配合技能、安全工作技能）、人技交往能力、组织管理能力、应用现代教育技术的能力等。

- 专业道德与专业精神。保育员的任务是保育和教育好幼儿。幼儿阶段是人生的起步阶段，是健康人格和良好个性品质形成的时期，所以，保育员的专业道德对于保育员从事保育工作是必需的。在具备专业道德的同时，保育员还要具有专业精神。专业精神是指从业者对所从事的专业抱有的理想、信念、态度、价值观和道德操守等，是指导从业者专业工作的动力。保育员的专业精神一般表现为敬业精神、进取精神、创新精神、无私奉献精神及对所从事职业的高度的职业认同感等。专业精神是保育员从事工作的内在动力，也是促进保育员专业发展的关键因素。

- 专业理想与教育理念。专业理想是保育员成为优秀的教育工作者的一种向往和追求，它为保育员的发展提供了奋斗目标，是保育员专业发展的巨大动力。专业理想主要表现为事业心、责任心及工作的积极性等。其核心是对儿童的热爱，进而对幼儿教育工作的热爱。作为专业化职业，保育员必须具备崇高的专业理想，即有高度的责任感、事业心和积极性，热爱幼儿及幼儿教育事业。教育理念，是指保育员在对保育工作理解的基础上形成的有关保育和教育的观念和信念。教育理念的具备是现代保育员不同于传统保育员的地方。传统保育员被认为主要是对儿童身体的照料，而随着健康定义的扩展，保育内容有了新的变化，保育不仅要注重幼儿的身体发展，还要重视幼儿的心理健康。
- 专业训练和专业发展。能否接受长期而系统的专业训练，是保育员专业化的一个必要条件。国外的保育员是由某些大学的教育学院或者一些社会教育机构来培养的，一般接受过一定的专业训练，而我国目前还没有专门的保育员培养和培训机构，大多数保育员只是参加由教育部门举办的短期培训班即上岗做起了保育员。保育员的职业要作为一门专业，必须使保育员接受长期而系统的专业培训和学习，否则就不能称其为专业。保育员必须有专业学习的机会和权利，保育员和幼儿教师一样要能够参加各种学习进修活动，使自己的理论能够用于实践，并能在实践的过程中不断地进行反思，从而提高保教工作质量。[1]

新时期的保育员绝不是只对幼儿的身体进行照顾和保护的保姆，保育员要认识到自己的一举一动、一言一行同教师一样，将影响幼儿的一生，要清楚自己在保教工作中的主体地位，认识到自身的价值，并树立起现代的保育理念，充分发挥工作的积极性、主动性和创造性，真正发挥出保育员的服务和教育功能。同时，幼儿园在开展园本培训的过程中要因人而异地制订保育员个人专业发展计划，以人为本地进行合适、合理的教育和培训，使培训和学习真正起到促进保育员专业化发展的作用。

1 谭桂菊．幼儿园保育员队伍专业化建设研究——以山东省若干城市公办幼儿园为例[D]．南京：南京师范大学，2008．

第一章

卫生管理工作

一提到幼儿园保育员，人们眼前似乎就浮现出这样的画面：如邻家大婶一般朴素的她们，默默无闻地在幼儿园的角角落落不停地擦擦洗洗、晾晾晒晒，在餐点时间负责领饭洗碗，而且总是跟在幼儿的身后或是排在队伍的队尾，偶尔不好意思地随幼儿做做操，或是给出汗的幼儿背上塞条毛巾，或是为幼儿增减衣物……保育员的工作看似简单、烦琐，但每一项细小的工作背后都有着基本的工作程序和评价标准，这些就是保育员的工作技能。

清洁、消毒是幼儿园保育员必须掌握的技能，也是保育员最基本的技能。这一技能的水平高低大多是可以直接通过视觉来判定的，而做好这一系列的工作决定着幼儿园的整体外部环境给人的印象，也关乎着幼儿的身体健康和疾病防护。所以说，卫生管理技能是当好保育员的基础和基本功。

一、清洁工作

幼儿园是培养下一代的重要教育场所，干净、整洁是必然的要求。而要一直保持一个良好的外部环境，不仅需要家园共同携起手来对孩子进行引导、督促和教育，还需要生活和工作在这个环境里的成人自觉地遵守相关规定并能以身作则，更需要保育员眼明手快，看到不干净、不齐整的地方及时打扫和清理。幼儿园清洁卫生工作质量的高低直接与幼儿园保育员整体队伍的工作技能、水平相一致，也间接指向管理者的理念与管理策略。

（一）幼儿园清洁卫生质量标准

幼儿园里无小事，即使是简单的清洁卫生工作也应力求做到卫生无死角。幼儿园的大环境需要常扫常净，班级里的小环境更要落实到人，要常擦常新。保育员每天必做的工作之一就是保持幼儿活动室、寝室和盥洗室的卫生，因为活动室、寝室和盥洗室是幼儿在园生活的主要场所，其卫生状况直接影响幼儿的健康和幼儿园的教育工作。

那么，幼儿园活动室、寝室与盥洗室的卫生质量应该达到什么样的标准呢？一般情况下，可以从以下几个方面来进行衡量：

1. 活动室的卫生质量标准

- 活动室要经常通风，保持空气新鲜。
- 活动室地面要求整洁、不潮湿，以免幼儿滑倒。
- 活动室内的窗户要明亮，确保光线充足。
- 活动室内的家具摆放合理，物品摆放整齐，各种布置无尘垢。

2. 寝室的卫生质量标准

- 幼儿的寝室要求通风良好，保证幼儿在临入睡前和起床后能及时通风换气，保持空气清新。
- 寝室内温度要适宜，室内温度尽量保持在16℃～18℃，冬季提前做好关窗防寒取暖工作，夏季提前做好通风降温工作。
- 寝室内床铺、枕头等物品要摆放得整齐、有序，方便幼儿取放和出入寝室。必要时需要有一定的标识作为提示，比如，把小脚丫贴纸贴在地面，提示幼儿整齐摆放鞋子等。
- 寝室内要保持窗明几净，床栏杆、暖气片、窗台、柜子等无尘土和污物。
- 寝室内的墙壁要保持干净，灯罩上下无灰尘。

3. 盥洗室的卫生质量标准

- 盥洗室内无异味，保持通风和清洁。
- 盥洗室的水池下水道处无积水、无污物，幼儿的毛巾及洗漱用品有序摆放并保持整洁。
- 盥洗室的地面无积水、无污渍、无垃圾杂物。
- 盥洗室的门、窗户、镜子、灯、柜等物品保持清洁干净，消毒液等可能带来危险的物品要放在幼儿够不着的地方。
- 盥洗室的便池、马桶要及时冲洗，做到无尿碱、无臭味、无苍蝇。

要保持幼儿园的清洁卫生，保育员不仅要眼里有活儿、心中有数，更要做到有计划、有质量地完成每日的卫生清洁工作，同时，也要根据本班幼儿的年龄特点和需求，有针对性地加强和提升幼儿的生活自理能力，引导幼儿逐步实现自己为自己服务并能有意识地帮助同伴的目标。

（二）幼儿园清洁卫生操作技能

并非每个保育员都能把工作做得完美无缺。用心的保育员会在常年重复的工作中积累丰富的经验，掌握比较简便、快捷的操作技能，使每一次的清洁工作都能做到有章有序，使班级的清洁卫生工作常年保持良好，这些是一个优秀的保育员需要具备的素质。下面，我们就来罗列一些实用且简洁的清洁卫生操作技能。

1. 扫地的操作技能

- 扫地时一般是按照由里向外的顺序清扫，这样有利于垃圾的整理和集中，也便于清理。
- 清扫木板地或瓷砖地时可用湿扫帚扫，而清扫砖瓦地时则可用干的扫帚扫。
- 扫地时一定要将扫帚轻轻压住，以免尘土飞扬。

2. 拖地的操作技能

- 先把家具和物品下面的地面拖净，然后再拖其他位置的地面。
- 拖地时要压住墩布，按照从左向右的顺序横拖，到两头时不要抬起墩布，可将墩布用力一转，把脏物带走，这样不至于留下卫生死角。
- 拖地时一般是从房间的里面向门口倒退着拖，以防把拖干净的地面踩脏。
- 每拖完一遍地面，要视地面的清洁状况不断地洗涮墩布，以保持墩布的清洁。

- 要按房间的不同准备专门的固定墩布，用完清洗后要放回标有标识的固定位置，不可混用。

3. 寝室的操作技能

- 清洁寝室时，其操作顺序一般是先开窗通风，再整理床铺，最后进行擦拭工作。
- 寝室的窗帘应每月清洗一次。
- 寝室应按照窗台、灯、墙、柜、床的顺序擦拭，每日都应对窗台、柜子和床进行整理、擦拭。
- 寝室里的床应按照从上到下的顺序进行擦拭，床头、床栏杆、床框、床腿等处都要擦到，做到无灰尘、无死角；同时要定期对床的垫被进行抽查，查看有无异物和垃圾，并做到及时清理。对于个别幼儿的床铺经常出现类似状况的，要有针对性地引导和提示幼儿。

4. 盥洗室的操作技能

- 擦拭不同位置的抹布和墩布应加以区分并固定，用完后放置到标有标识的固定位置，不可混用。
- 盥洗室一般的操作顺序为：开窗通风—清理污物—冲洗便池、水池—清洁窗框、墙壁、灯、镜子及柜子—清洁地面。
- 便池和马桶每使用一次都要及时用水冲干净，每日早、中、晚各刷洗一次，每月用厕所清洗剂彻底刷洗一次。
- 盥洗室内的水池每日要打扫干净，用洗衣粉或去污粉将油腻刷洗干净。
- 盥洗室的地面要保持无积水、无污渍、无死角，每次幼儿集中进入盥洗室后都应快速清理一次。

- 盥洗室的镜面要保持干净，无水迹、污渍，每日用半干抹布擦 1 ~ 2 次。

幼儿园的活动室、寝室、盥洗室是幼儿每日活动最多的地方，在幼儿每次集中活动结束后保育员应做到及时整理和清洁，这样才能保证清洁卫生质量过关。

二、消毒工作

幼儿园的消毒工作关乎幼儿的健康成长和生命安全，尤其在传染病高发时期更是重中之重。幼儿年龄小，自身抵抗力差，幼儿园做好消毒工作可以把传染源隔离或消灭在萌芽状态，减少或杜绝不安全事件的发生。

（一）幼儿园消毒工作质量标准

对幼儿所接触的各种物品进行消毒是一项关系到幼儿身体健康的重要工作，国家卫生部在《托儿所、幼儿园卫生保健制度》中就明确规定了相关的消毒隔离制度。而执行好这一制度不可或缺的人员之一就是保育员，他们必须明白幼儿园消毒工作的质量标准。一般情况下，幼儿园的消毒工作有如下标准：

1. 幼儿园一般消毒工作的质量标准

- 保育员应掌握常用消毒液的配制及使用方法，能按要求对各种物品进行消毒。
- 毛巾、水杯、门拉手、水龙头等物品每日消毒一次。
- 熟悉经常性物品、日常用品的正确消毒方法。

2. 幼儿园预防传染病消毒工作的质量标准

- 在保健医生指导下配合保健医生对传染源消毒。
- 掌握儿科常见传染病的预防和消毒方法。

从上面的阐述中可以看出，保育员工作不仅仅是体力劳动的不断重复，更蕴含着精细的科学操作标准。要达成上述标准，保育员需要长期不断地实践、操作、积累经验，逐步掌握相关的技能技巧。

（二）幼儿园消毒工作操作技能

幼儿园消毒工作有比较详细的操作程序和操作规定，保育员在进行消毒工作之前应该熟悉和了解幼儿园消毒工作的操作技能。

1. 幼儿园常用消毒液的配制与使用

幼儿园常用的消毒药品大都是含氯的消毒剂，其中84消毒液、漂白粉等使用较为广泛。作为幼儿园保育的一项常规工作，保育员应该根据消毒药品的说明书，学会独自配制适宜浓度的消毒液。

(1) 幼儿园常用消毒药液配制公式。在相关的专业书籍中，关于幼儿园常用消毒药液配制的公式一般有以下三种：

①以药物商品剂型为百分之百基数配制，其配制计算公式为：所需药量 = 欲配制浓度 × 欲配制数量；加水量 = 欲配制数量 − 所需药量。比如，欲配制5%来苏水溶液100千克，问需要来苏原药和水各多少？计算后得知，需要来苏原药0.05 × 100 = 5（千克），需要水100 − 5 = 95（千克）。

②以所含实际有效成分为基数配制，其配制计算公式为：所

需原药量=欲配制浓度 × 欲配制数量/原药含量；加水量=欲配制数量 − 所需原药量。比如，把含量为15%的过氧乙酸配制成0.2%的溶液75千克，问需要用15%的过氧乙酸多少？需要水多少？计算后得知，需要过氧乙酸0.2% × 75/15% = 1（千克），需要水75 − 1=74（千克）。

③固体消毒品的配制。一般先将所需药量计算好并称出后，放入有刻度的容器内，加水至所需配制数量即可。目前，幼儿园经常使用的固体消毒品是健之素等。

(2) 常用消毒药液使用的注意事项。无论使用何种消毒药剂，保育员在配制、使用、放置等时，既要注意自身的安全，又要严格按照使用说明和规定进行操作。同时，还应注意幼儿的安全，把消毒剂放在幼儿拿不到的地方。此外，消毒药品不同，其特点不同，配制方法不同，使用方法和注意事项也应有所不同。

①配制漂白粉的注意事项：首先，要注意不能让药剂受潮，否则药剂会结块，导致失效；其次，配制漂白粉溶液时，需先在漂白粉中加入少量水，把漂白粉调成糊状，然后再加水搅匀；再者，漂白粉溶液使用期为10天左右，要避光、避热保存，以防失效；最后，不能使用漂白粉对有色织物或金属物品进行消毒，以免发生变色或是不良的化学反应。

②使用84消毒液的注意事项：消毒物品经过84消毒液消毒后，必须用清水进行多次冲洗，一定要将残留在物品上的消毒液全部冲刷干净，以免幼儿直接接触后引起中毒。

幼儿园常用消毒液的配制应根据不同地点、不同物品、不同季节在浓度的调配上有所变化，这需要保育员有针对性地灵活运用、安全使用。

2. 幼儿园日常生活用品的消毒

幼儿园日常消毒的生活用品包括每日必须消毒的生活用品，如毛巾、水杯、餐具、抹布等；还包括需要经常性消毒的物品，如玩具、图书、被褥、床单等，因为这些物品幼儿几乎每日都会用到，所以按照要求逐项进行消毒是每一位保育员必须掌握的技能。

(1) 每日消毒的生活用品。

①毛巾和毛巾架：消毒毛巾时首先要用自来水浸湿，然后放洗涤剂浸泡20分钟左右，接着要认真搓洗和漂净，随后用0.5%的洗消净或84消毒液浸泡5 ～ 10分钟，最后用流动清水冲洗干净；也可采用沸水煮15 ～ 30分钟或蒸汽消毒10 ～ 15分钟的办法进行消毒。毛巾架每日用清水擦去浮灰，每周用消毒液擦洗一遍。

注意事项：幼儿园毛巾需要一餐一消毒；应使用消毒过的夹子将消毒后的毛巾归位，避免用不清洁的手触摸造成污染；擦手毛巾要有专用毛巾架，上面贴有标识，两巾距离间隔10厘米，上、下、左、右不能碰叠在一起。毛巾最好不要贴墙挂，一是不易受到光照；二是不卫生，容易滋生细菌。

②水杯和水杯箱：给水杯消毒时首先要用百洁布擦拭杯口、杯内（蘸去污粉或洗涤灵），用小刷子刷洗水杯的把手，接着用流动水冲洗干净，再用沸水煮15 ～ 30分钟或蒸汽消毒10 ～ 15分钟。幼儿水杯要有专用水杯箱（橱）存放，水杯箱每周清洗消毒一遍，每天用清水抹一遍。水杯箱的布帘每周清洗一次。

注意事项：幼儿园的水杯只用来喝水，不用来喝牛奶或豆浆；每天傍晚幼儿离园后，保育员将水杯送至厨房用开水浸泡清洗后放入蒸饭车里高温消毒半小时。水杯消毒后，应避免用不清洁的手触摸造成污染。水杯箱上面应贴有标识，要及时更换模糊不清或发黄、剥脱的标识，标识图案要相对固定，不要经常更换。水杯箱最好不要固定在墙壁里，那样不容易清洗消毒。水杯数量要比幼儿的实际人数多1～2个，以供幼儿备用。

③保温桶：保温桶是每天用来给幼儿盛开水的。每天，保育员应将保温桶四周及盖子、壶嘴用清水擦洗一遍，一般每周清洗消毒一次。

清洗桶的内胆时，先用肥皂水清洗一遍，然后冲洗干净，再用消毒液浸泡10分钟。传染病流行季节应每天消毒。

注意事项：保温桶上的热水龙头要有安全保护装置，以防烫伤事故的发生；夏天注意水温不要过烫，冬天注意保暖。

④餐具：餐具、饮具和盛放直接入口食品的容器，使用前必须洗净、消毒，严格执行“一洗二清三消毒四保洁”制度。幼儿园餐具的消毒是保育员每餐必做的事情，首先要用洗涤剂把餐具洗净，接着用清水冲洗干净，最后用合适的方法进行消毒，首选煮沸消毒，也可用蒸汽、消毒柜消毒。

注意事项：餐具要求在伙房清洗消毒，要求食堂有专用洗碗池，不得将餐具倒入班级洗手池里清洗。

幼儿常用的碗、勺、水杯等直接触口的用品不宜采用消毒液浸泡消毒，可以采取煮沸、蒸汽、消毒柜消毒等方法。消毒前应先清洗黏附在上面的污物，然后再进行消毒；厨房的用品（菜刀、案板、抹布等）则可以采用消毒液浸泡消毒。

⑤门把手、水龙头、桌椅：幼儿园门把手、水龙头、桌椅等的消毒应在清洁的基础上，用浓度为0.5%的洗消净或84消毒液擦拭2～3遍，液体滞留10分钟后，用清水擦洗干净。

⑥厕所：幼儿园厕所、坐便器的消毒要先用10%～21%的漂白粉乳剂浸泡15分钟，然后刷洗干净；厕所水龙头、门把手、手

接触的门和墙面每日两次用浓度为0.5%的84消毒液喷洒，消毒液作用10～15分钟后清理干净；厕所地面每次用浓度为1%的84消毒液喷洒，消毒液滞留10分钟后，再用拖把拖干净，拖把用后清洗悬挂晾干。

⑦抹布、拖把：抹布和拖把使用后，要先用水将黏附在抹布上的污物冲洗掉，接着将抹布用肥皂或洗涤剂洗净，最后用浓度为0.5%的84消毒液或漂白粉澄清液浸泡10分钟后冲净。

注意事项：幼儿园活动室、寝室、盥洗室的拖把、抹布、水桶等应分开管理与使用并有明晰的标注说明，杜绝"一把拖把四处拖，一块抹布到处抹"、"细菌大搬家"的清洁方式；清洁消毒按"Z"字形进行，做到不遗漏，一块区域用一面抹布一次擦完，忌无序反复擦拭，以免造成重复污染。

(2) 经常性消毒的物品。

①玩具：玩具是托幼机构必备的物品，也是幼儿接触最多的物品，但玩具很容易被病原微生物污染。在幼儿园，玩具的污染程度比衣服、被褥、餐具等更为严重，尤其是低龄幼儿喜欢将玩具放入口中，如果清洁消毒不严，很容易传染疾病。

玩具的清洗消毒一般每周一次。对于耐水的玩具，可把洗涤剂加入到热水中来清洗，缝隙处还要用刷子刷洗，再用清水将洗涤剂冲洗干净，然后把玩具放在阳光下晒2小时。

对于不怕高温或不变形的玩具，如毛绒玩具、布玩具等，可清洗干净后放入清毒柜消毒。消毒液的腐蚀性较大，浸泡玩具容易脱色，所以铁制玩具、木头玩具可用酒精或消毒液擦拭或通过日光照射消毒。

玩具柜应每天用清水擦洗一遍，每周用消毒液擦拭1～2遍；装玩具的塑料筐等每周用1%的洗消净或84消毒液浸泡消毒10分钟，再用清水冲洗干净。

室外大型玩具通过日光照射消毒，但要定期冲洗。

幼儿使用的美工剪刀、尺子等，每周放消毒柜消毒或用酒精、消毒液擦拭。

②图书：每周应将图书、画报放在阳光下暴晒4～6小时，可以杀灭大多数微生物，暴晒时要注意经常翻动；也可以用紫外线等照射消毒，但要求近距离照射。对于被污染、破损的玩具、图书，要及时更换。

③被褥、床单：幼儿园的被褥、床单基本上是个人专用，被褥每学期拆洗一次，每周视天气情况户外日晒一次，时间不少于2小时，每晚紫外线消毒1小时；全托幼儿每两周换洗床单、枕巾一次，日托每月换洗一次。

紫外线消毒注意事项：紫外线消毒时，室内儿童必须全部离开，每次用后记录使用时间，超过1000小时的使用时间应及时更换设备；房间内消毒时，空气、地面应保持干燥、清洁，否则会影响消毒效果；给图书、衣物、玩具等消毒时，要定时翻动，使各个面都得到紫外线的照射。

3. 幼儿园预防常见传染病的消毒

对于常见传染病的消毒和预防是幼儿园非常重要的保育工作之一，保育员需要掌握经常性的预防工作和传染病的消毒措施两大部分内容。

(1) 经常性的预防工作。俗话说，“防患未然”。学前儿童年龄小，抵抗力弱，所以经常性的预防工作就显得非常重要。幼儿园经常性的预防工作是需要保育员与当班教师协同配合做好的一系列常规工作，主要包括以下几项内容：

- 严格执行晨、午、晚检查和全日观察，发现患病幼儿及时进行隔离。

- 经常开窗换气通风，保持室内空气新鲜。
- 培养幼儿良好的个人卫生习惯，尤其关注良好饮食卫生习惯的培养。
- 合理安排幼儿在园的一日生活，为幼儿准备营养均衡的膳食，保证他们健康成长。
- 经常组织幼儿进行户外身体锻炼，增强幼儿的体质，提高幼儿的抵抗力。
- 严格按照相关制度认真做好日常清洁和消毒工作，消灭蚊蝇，减少疾病传播的机会。

(2) 常见传染病的消毒措施。随着季节的变化，幼儿园的孩子在交叉传染下会患上一些易发的传染病，如流行性感冒、水痘、病毒性腮腺炎等呼吸道传染病，偶尔还会引发细菌性痢疾等消化道传染病，这就要求保育员必须掌握一些常见传染病的消毒技能，这样才能保证幼儿不被继续传染，确保孩子们的健康成长。

①呼吸道传染病的消毒：对于呼吸道传染病的消毒，首先要做到的就是开窗通风。幼儿的居室除了每天坚持按照幼儿园的规定开窗通风外，在呼吸道传染病（流感、风疹、水痘等）发生后，保育员应保证每天开窗通风3小时。其次，保育员应在保健医生的指导下迅速采用紫外线灯或药物对室内空气消毒。比如，用0.2%～0.5%的过氧乙酸向空中喷雾，每立方米的空间约喷雾30 毫升，之后关闭门窗30分钟；也可用1%～3%的漂白粉澄清液喷雾，喷到地面湿透为止。最后，就是针对不同类型的呼吸道传染病进行相适宜的处理和消毒。具体操作如下：

- 流行性感冒：流行性感冒发生后，患儿应马上隔离；保育员应及时、彻底地开窗、通风换气15分钟以上，或按照保健医生的要求，对空气进行消毒。

- 水痘：水痘发生后，患儿应马上隔离；保育员应对班级活动室、寝室里的空气和物品进行消毒，开窗通风3小时；被子暴晒，家具、玩具及图书采用擦拭和日晒的方法消毒，衣物、被单、褥单及其他物品采用煮沸或消毒剂浸泡的方法消毒。
- 病毒性腮腺炎：患儿要及时隔离，班级要及时消毒；活动室和寝室应开窗通风15分钟以上，或按照保健医生的要求对空气进行消毒；患儿的餐具、毛巾要与其他幼儿的分开并煮沸消毒，衣物、被褥要日晒消毒；配合保健医生督促接触班的幼儿口服板蓝根，预防腮腺炎。
- 猩红热：发现患儿应尽快隔离治疗，室内开窗通风，对一切用具采用适当的方法消毒，配合保健医生督促接触班的幼儿服用磺胺类药物，预防猩红热。

②消化道传染病的消毒：消化道传染病发生后，首先就是要对被褥进行紫外线照射消毒，一般翻晒6小时；其次，保育员要对患儿的呕吐物或排泄物用石灰或漂白粉乳液进行消毒；再次，保育员应在保健医生的指导下，用煮沸的方法或漂白粉澄清液浸泡的方法对患儿的餐具进行消毒；最后，保育员要根据传染病的不同，对患儿使用过的便盆用漂白粉澄清液或来苏水进行不同时间、不同浓度的浸泡或喷雾消毒。对于常见的消化道传染病，消毒的措施如下：

- 病毒性肝炎：发现患儿后应马上隔离治疗，保育员对本班进行消毒。幼儿的餐具、水杯、毛巾、衣物煮沸或用消毒液浸泡消毒，便盆用消毒液浸泡，被褥日晒消毒；幼儿的大小便或呕吐物用相当于粪便量1/5的漂白粉充分搅拌，放置2小时，然后倒掉；配合保健医生督促接触班的婴幼儿服用或注射预防的药物。

- 细菌性痢疾：发现患儿后应马上隔离治疗；患儿使用过的餐具可煮沸或用消毒液浸泡消毒；便盆应用消毒液浸泡消毒，痢疾患儿的粪便用漂白粉进行消毒；接触过患儿的保育员或其他婴幼儿应马上用肥皂洗手；协助保健医生督促本班婴幼儿服用茶叶煎剂或在吃饭时吃些生大蒜。

幼儿园的消毒工作非常重要，虽然常规和琐碎，检查和记录的要求也严格，但是只要保育员认真做好每一项消毒工作，在长期积累经验的基础上不断摸索和创新，熟能生巧，相信一定能逐步做好这项工作。

【拓展阅读】

常用消毒方法[1]

1.煮沸消毒：煮锅内的水应将物品全部淹没。水沸后开始计时，持续煮沸15～20分钟。计时后不得再新加入物品，否则持续加热时间应从重新加入物品再次煮沸时算起。

适用范围：适用于餐饮具、毛巾、餐巾、服装、床单等耐湿物品。

2.流通蒸汽消毒：利用100℃水蒸气进行消毒。最简单的方法是蒸饭箱，常用的流通蒸汽消毒设备有蒸汽消毒柜、蒸

1 摘自：http://www.zikao1688.com/s/05/kcrs-11083.html.

汽消毒车等。消毒时间应在水沸腾并冒出蒸汽后开始计算；餐具应垂直放置，并有空隙，防止空气留存在死腔内；大量物品勿用铁盆盛装，最好使用漏孔金属筐；包装不易过紧；能吸收大量水的衣物不要浸湿放人，否则妨碍空气的置换；在消毒时注意排除消毒柜内的冷空气。

适用范围：适用餐饮具及餐桶、菜盆等。

3.消毒柜消毒：按照产品使用说明书规定的方法进行消毒处理。消毒柜分为高温型和紫外线臭氧型，消毒餐具使用高温型消毒柜，易烤焦物品不宜放人高温型消毒柜。

4.消毒剂消毒：消毒剂溶液应将物品全部浸没。对腔管类物品，应使管腔内也充满消毒剂溶液。作用至规定时间后，取出用清水冲净，晾干。根据消毒剂溶液的稳定程度和物品污染情况，及时更换所用溶液。

适用范围：常用于消毒便具、玩具、家具、织物、耐湿物品等。

5.消毒剂溶液擦拭、喷洒消毒：擦拭消毒时，用布浸以消毒剂溶液，依次往返擦拭被消毒物品表面。必要时，在作用至规定时间后，用清水擦洗干净以减轻可能引起的腐蚀作用。喷洒消毒时，把消毒剂溶液直接喷洒在被消毒物品表面。

适用范围：用于家具、门把手、水龙头等物体表面以及地面、墙面等的消毒。

6.消毒剂溶液喷雾消毒：用普通喷雾器进行消毒剂溶液喷雾消毒，使物品表面全部润湿，作用至规定时间。喷雾顺序为，先上后下，先左后右。为改善呼吸道干燥而使用喷雾时，需要使用超声雾化器，但要注意不要造成室内物品的潮湿、腐蚀。

适用范围：用于室内空气、人体呼吸道、居室表面和家具表面的消毒。

7. 紫外线消毒：紫外线辐射能量低，穿透力弱，仅能杀灭直接照射到的微生物，因此消毒时必须使消毒部位充分暴露于紫外线。用紫外线消毒纸张、织物等表面粗糙的物体时，要适当延长照射时间，且两面均要照射。紫外线消毒的适宜温度范围为20℃～40℃，温度过高或过低均会影响消毒效果，可适当延长消毒时间。用于空气消毒时，消毒环境的相对湿度低于80%为好，否则应适当延长照射时间。用紫外线杀灭被有机物保护的微生物时，应加大照射剂量。空气的悬浮粒子也会影响消毒效果。

适用范围：用于室内空气、物体表面的照射消毒。

紫外线消毒灯的使用注意事项：

①消毒使用的紫外线，其波长范围是200～270nm，消毒用的紫外线光源必须能够产生辐射值达到国家标准的紫外线。用于消毒的紫外线灯的电压为220V。

②紫外线灯使用过程中其辐射强度逐渐降低，故应定期测定消毒紫外线的强度，一旦降到要求的强度以下时，应及时更换紫外线灯。

③紫外线强度及消毒浓度检测：使用紫外线强度指示卡，在开灯后5分钟，将指示卡放于灯下1米处，照射1分钟后，按照说明色卡对比。一般新灯管不低于90μW/cm^{2}为合格，旧灯管不低于70μW/cm^{2}为合格。测试卡要注意避光保存。

紫外线消毒灯的使用方法：

①物体表面消毒：用悬吊式或移动式紫外线灯消毒时，消毒有效区为灯管周围1.5～2m。一般每60～80平方米房屋空间，安装30W紫外线灯管两支。照射时间根据灯管强度及所杀灭病原微生物而定，一般来说照射时间不得少于30

分钟。使用高强度、低臭氧紫外线杀菌灯，有效距离内照射30～60分钟，对物品表面消毒效果可靠。

②室内空气消毒直接照射法：在室内无人条件下，可采取悬吊式或移动式紫外线灯直接照射的方式。采用室内悬吊式紫外线灯消毒时，室内安装紫外线消毒灯（30W紫外线灯不少于30分钟）。

8.臭氧消毒：臭氧是一种强氧化剂，具有杀菌迅速、消毒后无残留等优点，适用于蔬菜、水果消毒，但稳定性差，容易分解，只能立即生产立即使用。

市售的管式、板式和沿面放电式臭氧发生器、臭氧灯均可选用，消毒时间≥30分钟。消毒时，房间应关闭门窗，人必须离开房间。关机后30分钟，待房间内闻不到臭氧气味时才可进入。

注意事项：

①在使用过程中，应保持消毒灯表面的清洁，每1～2周用酒精纱布或棉球擦拭一次，发现灯管表面有灰尘、油污时，应随时擦拭。

②使用消毒灯对室内空气消毒时，房间内应保持清洁干燥，减少尘埃和水雾，温度低于20℃时或高于40℃、相对湿度大于60%时应适当延长照射时间。

③使用消毒灯消毒物品表面时，应使照射表面受到消毒灯的直接照射，且应达到足够的照射剂量。

④不得使消毒灯光源照射到人，以免造成眼睛、皮肤损伤。

⑤消毒灯强度计至少一年标定一次。

第二章

生活管理工作

对幼儿的生活管理工作，是保育员在幼儿园日常保教工作中的主要任务，包括对幼儿的身体和情绪进行观察，组织幼儿有序和安全地如厕，在进餐活动中组织幼儿养成良好的进餐习惯等。

一、健康观察

《幼儿园教育指导纲要（试行）》组织与实施中提到：“关注幼儿在生活中的表现和反应，敏感地觉察他们的需要，及时以适当的方式应答。”《3—6岁儿童学习与发展指南》健康领域目标的要求和建议中也指出：“注意观察幼儿在新环境中的饮食、睡眠、游戏等方面的情况，采取相应的措施使他们尽快地适应新环境。”保育员每日要照顾幼儿的生活起居，更有利于细致观察幼儿的健康状况。幼儿的健康观察一般包括对幼儿的身体观察、情绪观察和预防接种观察三个部分。

(一)身体观察

对幼儿身体的观察，主要是和幼儿平时的表现做对比，细心观察、及时发现幼儿的异常表现并很快做出适宜的调整与处理是保育员应当掌握的一项技能。对幼儿进行身体观察贯穿于幼儿园一日生活的各个环节，这就要求保育员要做有心人。

1. 身体观察的内容

幼儿进入幼儿园后，保育员对他们的身体观察就开始了。身体观察的内容如下：

- 幼儿的穿着是否合适，对活动有无影响，如衣服的多少、鞋子的大小等。
- 随身携带的物品是否安全，如衣服上有无携带装饰花边、小亮片等。
- 进餐情况。如果幼儿食欲欠佳，饭量明显减少，甚至拒绝进食，而且伴有恶心、呕吐等症状，则表明幼儿可能生病了。
- 睡眠状况。平时入睡快且睡得安稳的幼儿，现在忽然入睡困难且睡眠中出现惊厥和哭闹等现象，则表明幼儿可能生病了。
- 大小便情况。幼儿大小便过多或过少，小便颜色加深，甚至出现腹泻，则表明幼儿可能生病了。

2. 身体观察的基本方法

在幼儿园的一日活动中，保育员可以随时随地对幼儿进行身体观察。

- 一日生活中的跟踪观察，主要针对早上入园时情绪不佳或身体状况欠佳的幼儿。

- 某一活动时间段的观察，如晨间接待、饮水、如厕、午饭、午睡、户外活动和教学操作时。

（二）情绪观察

情绪是一个人对所接触到的世界和人的态度以及相应的行为反应。对于幼儿来说，情绪体验是无处不在的。正如发展心理学家所说："幼儿的世界就是一个情绪的世界。"不同的情绪对人的身心健康、生活、学习有着不同的作用。喜悦、轻松、愉快等情绪体现了健康的心理状态，人们称之为"积极情绪"或"良好情绪"，对幼儿的成长发育有着积极的意义；而郁闷、紧张、痛苦、不安等情绪则体现了非健康的心理状态，称之为"消极情绪"。《幼儿园教育指导纲要（试行）》明确指出："幼儿园必须把保护幼儿的生命和促进幼儿的健康放在工作的首位，树立健康观念，在重视幼儿身体健康的同时，高度重视幼儿的心理健康。"因此，保育员和教师要特别关注幼儿的消极情绪，及时引导为积极情绪，保证幼儿心理健康、愉悦。

1. 幼儿的情绪特点

- 小班：幼儿情绪情感具有不稳定性，他们不能很好地表达或控制自己的情绪情感，也不能理解别人的情绪情感。
- 中班：情绪较之小班幼儿稳定，他们的行为受情绪支配的比例在逐渐下降，开始学着控制自己的情绪。
- 大班：幼儿的情绪体验日益丰富，表现为情绪过程越来越分化以及情感所指向的事物不断增多，幼儿情绪情感的自我调节能力逐步加强。

2. 情绪观察的方法

- 关注情绪低落的幼儿。
- 关注有异常表现的幼儿，如哭闹、面部表情痛苦、精神萎靡、食欲不佳等。
- 关注性格暴躁、易发怒的幼儿。
- 关注性格内向、缺乏自信的幼儿。

针对以上观察的情况，保育员要及时了解原因，并与教师、家长沟通，找准解决的途径和方法。

3. 营造宽松、和谐的班级心理环境

- 微笑面对幼儿。通过表情、声音、情感传递给幼儿，让幼儿感受到爱，做幼儿的倾听者、支持者，做他们的朋友，为幼儿创设轻松的心理环境。
- 理解幼儿内心的需要和行为动机，掌握幼儿的心理特点，同时包容犯错的幼儿，尊重幼儿的个性。
- 蹲下来和幼儿交谈，鼓励他们说出自己的想法和看法。
- 适当的时候，通过转移幼儿的注意力来疏导幼儿的不良情绪。
- 通过故事、图片等方式来帮助幼儿形成正确的情绪观。
- 多鼓励、少批评幼儿。

4. 幼儿不良情绪的调节和疏导

保育员应找出造成幼儿情绪不良的原因，对症下药，及时帮助幼儿调节情绪，缓解情绪压力，尽快使其恢复良好的情绪状态。

(1) 为幼儿提供良好的生活环境。首先，保育员要给幼儿提供良好的生活环境，尽量保证室内环境整洁、安静，没有太嘈杂的声音；室内温度适中、通风良好，活动空间通畅，活动内容丰富有趣。其次，保育员要给幼儿营造平和安宁的心理环境。因为过多且过于复杂的刺激会使幼儿产生不安情绪，只有平和的情绪刺激与有规律、有节奏的生活是对幼儿有益的。

(2) 细心照料，保证幼儿的身体舒适。身体的不舒适会让幼儿情绪不好，所以，保育员要细心照料幼儿，保证他们生理上的舒适。比如，让他们吃饱睡好，衣着舒适，冷热适中，从而精神饱满。对因为生病而导致的幼儿情绪不佳等现象，保育员要细心观察，及时判断幼儿身体哪个部位可能出现问题，从而采取必要的预防和治疗措施，避免幼儿病情加重。

(3) 建立和谐的人际关系，给幼儿充分的安全感。幼儿园对每一个幼儿来说都是一个全新的生活环境，保育员和教师要努力在班内建立和谐的人际关系，教师和小朋友之间、小朋友和小朋友之间要相互理解、相互宽容、相互欣赏、相互支持，让每一个幼儿在幼儿园中都生活得开心、快乐，让每一个幼儿在班级生活中都有充分的安全感。

保育员在与情绪不良的幼儿沟通时，态度应亲切和善，尽可能地与幼儿建立安全的依附关系。比如，多和他们说话，轻声地和他们交谈，适当地和他们进行身体接触、拥抱等，这些都可以让幼儿感觉安全踏实；同时要尽量引导他们积极主动地生活和活动。

(4) 借助同伴互助，帮助幼儿克服不良情绪。在幼儿园中，运用良好的群体气氛来熏陶和感染幼儿，用有趣的群体游戏来吸引幼儿，是帮助幼儿调节不良情绪非常有效的方法。

保育员也可以在班内找一个与情绪不良的幼儿性格相近的幼儿，帮助他们建立固定的伙伴关系，让他们享受同伴交往的快乐，这也是调节幼儿情绪的良好方法。

(5) 教给幼儿克服不良情绪的方法。保育员要教给幼儿简单的自我调节情绪的方法，使他们学会控制自己的不良情绪。

①适度宣泄：幼儿的情绪一般是毫无掩饰的，高兴时，他们会满脸笑容；在愤懑、受到压抑或心中不满时，他们会发脾气或大哭大闹，这是幼儿心理卫生方面的一个优势，使各种情绪得到及时的宣泄，有利于他们心理的健康发展。幼儿情绪的自然流露应该得到鼓励，而不是压抑。比如，幼儿伤心时，应该鼓励他哭出来，因为发脾气、反抗行为、哭泣、大声喊叫比默默承受更有利于幼儿身心的健康发展。这里所提倡的情绪宣泄，与以哭闹为手段去达到某种不合理的要求是不一样的。

有的保育员不了解情绪行为反应对幼儿心理健康的意义，往往把幼儿发泄内心不满的方式看作调皮捣蛋的行为；或者缺乏相应的耐心，不允许幼儿自由地表达自己的情绪，特别是当幼儿出现了不良的情绪行为反应时，强行地让幼儿克制。如果幼儿的情绪长期受到压抑，最终会导致心理失衡，造成人格方面的病态发展。所以，保育员要宽容和理解幼儿，允许幼儿适度地宣泄自己的情绪。

②转移注意力：当幼儿情绪不佳时，保育员可以用一些新颖的玩具、有趣的游戏活动等吸引他们，从而转移幼儿的注意力，这种方法对年龄越小的幼儿越有效。新的玩具和游戏可以让幼儿忘却不快的情绪，重新投入到快乐的游戏活动中。

③鼓励、表扬：鼓励和表扬可以让幼儿产生愉快的情绪体验，排解原有的压抑和不快。所以，当幼儿情绪不佳时，保育员可以根据对幼儿性格的了解，多表扬幼儿的优点和良好表现，让这种积极的情绪体验帮助幼儿走出情绪不佳的状态。

④参加体育活动：体育活动是缓解幼儿不良情绪的有效方法。身体能量的释放可以有效地缓解幼儿的心理压力和不快情绪，身体的兴奋可以带动心理的兴奋，使幼儿的情绪恢复轻松愉快的状态。

总之，幼儿的情绪发展是一个累进的过程，越具备愉快体验的幼儿，越能很好地处理不良的情绪。也就是说，幼儿越是生活在愉快的情绪体验中，越具有抵抗负面情绪的能力；当出现负面情绪时，也容易被保育员安抚。所以当婴儿一来到人世间时，我们就应该多给予他们愉快的体验，避免使他们受到负面的刺激。

（三）预防接种观察

幼儿时期人体生长发育旺盛，对传染病的抵抗力很弱，包括乙肝在内的许多传染病严重威胁着幼儿的生命和健康。通过给幼儿免疫接种，可以有计划、有步骤地增强幼儿抵抗疾病的能力，防止传染病的发生。它的途径和方法主要有皮上划痕、注射（皮下、皮内、肌肉注射）、口服、喷雾吸入等。在幼儿园里，保育员应配合保健医生对幼儿进行预防接种，并在接种后对幼儿进行观察和照顾，特别要关注幼儿在身体、情绪等方面的变化，能及时采取处理措施，同时做好与家长的反馈与沟通工作。

1. 疫苗接种前

(1) 与家长沟通。

①提前告知家长。准备接种前一天要与幼儿家长取得联系，最好给准备接种的幼儿提前洗澡，幼儿当天最好穿清洁宽松的衣服，以便于医生接种。

②带好《儿童预防接种证》。这是幼儿接种疫苗的身份证明，也便于记录接种时间与内容。

(2) 与医护人员沟通。

①向医生请教。保育员应请医生准确告知接种的禁忌与接种后的注意事项，以便更好地照顾好幼儿。

②告诉医生幼儿的身体状况或者患病史。如果幼儿身体不适，或患有结核病、急性传染病、肾炎、心脏病、湿疹、免疫缺陷病、皮肤敏感等，要及时告知医生，并询问暂缓接种事宜。

2. 疫苗接种后

在幼儿接种疫苗后，保育员要密切关注幼儿的身体状况，体贴照顾幼儿。

- 接种疫苗后提醒幼儿适当休息、多喝水，注意保暖，防止引发其他疾病。
- 接种疫苗的当天提醒家长不要给幼儿洗澡，但要保证接种部位的清洁，防止局部感染。
- 注意观察幼儿是否出现轻微发热、食欲不振、烦躁、哭闹等现象，如果反应强烈且持续时间长，要及时告知家长，立刻带幼儿去医院就诊。
- 不给幼儿吃有刺激性的食物，如大蒜、辣椒等。

（四）典型问题分析与建议

【典型问题1】幼儿穿背带裤、打底裤来园，因为不方便上厕所而尿湿裤子。

【分析与建议】有些家长在孩子穿衣服的问题上只讲究好看，但是不注重孩子能力的培养，导致孩子不会穿脱背带裤、打底裤一类的衣服，结果孩子在上厕所时，不是脱不下来就是穿不上去。针对上述问题，保育员可以采取以下措施：

(1) 对个别幼儿进行观察并指导。在组织幼儿如厕时，除了保证他们有序安全活动外，还要密切关注幼儿的需要，特别是对于穿紧腿裤的幼儿，必要时，给予适当的帮助，同时告诉他们有尿意要早一点上厕所。

(2) 及时与家长沟通。可以在入园或者离园环节与家长交流沟通，提醒家长给孩子穿宽松、合适的衣裤，如运动服。这样不仅解决了孩子的难题，方便孩子活动，也减轻了保育员的工作量。

【典型问题2】外出活动时，幼儿因不知道增减衣服，患上感冒。

【分析与建议】在日常教学活动中，教师往往会根据教学需要引导幼儿关注天气变化，及时增减衣服。但是由于幼儿是一个特殊的群体，受生活经验和自理能力的限制，不能很好地照顾自己，因此就需要保育员对幼儿进行及时的观察和帮助。特别是对于体质弱和自理能力差的幼儿，保育员和教师要做到勤观察。外出活动时如果天气变冷，要及时为幼儿添加衣服；如果天气炎热或者幼儿运动量大出汗了，要及时帮助他们减衣服。保育员只有做到用细心、耐心、爱心对待幼儿，才能保证他们在幼儿园里健康、快乐地生活，家长也才能放心。

【典型问题3】午睡期间，幼儿突发安全事故。

这天午睡期间，大部分孩子都睡着了，值班的保育员突然发现博坤在被窝里不安地动起来，她赶忙走过去，只见孩子嘴唇发紫、面色发白。保育员见状赶紧联系教师把孩子送往医院，同时通知了博坤的家长。因为抢救及时，孩子安然无恙。

保育员后来了解到，孩子对尘螨过敏，这几天由于季节的变化出现沙尘天气，导致孩子发生过敏现象。

【分析与建议】上述案例中，午睡值班人员及时发现了幼儿的特殊情况，并采取了恰当而及时的措施，尽到了工作职责。但是这件事应该引起教师和其他保育员的重视，提醒他们在幼儿午睡期间要关注身体不舒服的幼儿，特别是体质特殊的幼儿。为此，保育员要做好以下几方面的工作：

(1) 在幼儿报名入学时，请家长如实填写孩子的患病史或者过敏史，以便在日常教学活动和生活活动中，保育员早知道、早预防，消除隐患，保证幼儿安全。

(2) 早上幼儿入园时，对幼儿进行体检，同时询问家长幼儿在家是否有身体不适的表现，以便做到心中有数，在午睡和活动期间对患病幼儿多加关注。如幼儿需要在园服药，请家长填写幼儿服药登记表并签名，标明服药的剂量，同时经过幼儿园保健医生的检查，同意后方可允许幼儿服用。

(3) 如果教师或者保育员发现幼儿患病，要尽到告知家长的义务。

(4) 在午睡环节中，值班保育员或教师要严格落实检查和巡视的工作，真正以幼儿的生命安全为首要任务，做好观察和记录工作，切实保证幼儿的身体健康和幼儿园的合法权益。

二、组织进餐

(一) 营造进餐环境

良好的进餐环境能增强幼儿的食欲，促进幼儿对食物的消化吸收；反之，则影响幼儿的身体健康。那么，如何营造健康、温馨的就餐环境呢？保育员在这方面发挥着至关重要的作用。

1. 进餐前

- 提醒幼儿用肥皂正确洗手，清洁消毒餐桌。
- 请值日生分发餐具，其他幼儿折叠餐巾并将餐具、餐巾放在统一的位置。
- 用形象生动的语言和极为神秘的表情、语调为幼儿介绍当天的饭菜，引起幼儿的食欲。

2. 进餐时

- 在盛饭时，不宜把饭菜盛得太满，以免让幼儿心生恐惧，生怕因吃得慢或吃不完而受到指责。幼儿喜欢一次次自己去添饭，并自豪地说："我吃了两碗"、"我吃了三碗"。因此，在给幼儿准备第一碗饭时要根据幼儿的饭量盛得适中，留下机会让幼儿自己添饭，以培养幼儿吃饭的自信心和动手能力。
- 就餐过程中，不能因为幼儿吃饭速度慢而去催促他们，这样会使幼儿的情绪紧张，不利于进餐；要给幼儿充足的时间开心、轻松地进餐。
- 在进餐的过程中要关注每个幼儿的情绪变化，如果有幼儿出现食欲不振的情况，要及时了解原因，并能对症下药。
- 如果发现幼儿有挑食行为，不应批评幼儿或者强迫幼儿进餐，而应该通过鼓励的方式让幼儿改变挑食行为，否则会使幼儿产生抗拒心理。必要时，寻找机会与家长沟通，了解原因，家园合作，一起帮助幼儿纠正不良的饮食习惯。
- 就餐时，给予每个幼儿及时的鼓励，让幼儿感觉就餐是一件很享受的事情。

- 在轻音乐的伴奏下进餐，可以使幼儿增强食欲。

3. 进餐后

- 提醒幼儿把自己的餐具放到指定的位置，并用正确的方法擦嘴、漱口、洗手，养成良好的卫生习惯。
- 餐后组织幼儿进行较为安静的活动，如看书、画画等，以利于食物的消化吸收。

保育员和教师要努力营造一个愉快的就餐氛围，让幼儿开开心心地吃饭，并体会到吃饭的快乐；尽量不要在饭桌上斥责幼儿，以免影响幼儿就餐的情绪。只有创设一个健康宽松的就餐环境，多给幼儿一些就餐的时间，改变"过多强调纪律"的就餐气氛，才能使幼儿在进餐活动中身心都得到健康发展。

（二）介绍饭菜营养

3—6岁幼儿正处于生长发育旺盛的时期，每天必须从膳食中获得充分的营养物质，才能满足其生长发育和生活活动的需要。如果幼儿长期缺乏某种营养或热量供应不足，不但影响生长发育，还会引发很多疾病。为了引起幼儿的食欲，促进幼儿身心健康发展，保育员应该采取适宜的应对措施。

1. 餐前形象介绍，引发幼儿的食欲

进餐前，保育员应该结合当天的饭菜形象地向幼儿介绍有关食物的名称、特点及营养价值，知道它们都是有营养的食物，对人们的身体健康有益，并通过儿歌、故事等形式让幼儿明白偏食、挑食给人们健康带来的危害，这样不但能丰富幼儿的知识，还能使幼儿更积极主动地进餐。

比如，在幼儿吃紫菜前，告诉幼儿紫菜中有一种东西对身体非常有帮助，能让小朋友变得更健康、聪明。再如，通过儿歌《白米饭》教育幼儿不浪费粮食。

白米饭

白米饭，喷喷香，
农民伯伯种的粮。
我们吃饭要爱惜，
浪费一粒不应当。

2. 餐中个别对待，结合趣味游戏与鼓励表扬

进餐中，保育员可采用趣味性游戏介绍饭菜的色、香、味，以及采用鼓励表扬、榜样影响等方法引起幼儿的食欲，并根据幼儿的不同情况给予具体的帮助，帮助幼儿纠正偏食、挑食行为。

比如，在吃菠菜时，可以把幼儿比作“大力水手”，请“大力水手”发挥自己的超级本领把菠菜吃掉。

3. 餐后陈述表达，愉悦回顾

餐后，保育员应及时跟幼儿交流：“今天吃的什么？吃饱没有？吃了几碗？”同时，应对幼儿良好的进餐行为进行正面强化。比如，对幼儿说：“你吃了这么多啊！难怪你长得这么高。”

营养丰富的食物能否在幼儿体内发生作用，先决条件是把食物吃进去，若吃不进去，再营养的食物都无法发挥作用。因此，科学地组织好幼儿进餐，对幼儿健康成长至关重要。

（三）指导独立进餐

让幼儿独立吃饭，是幼儿时期最基本的生活自理能力训练。

1. 幼儿的进餐常规

《幼儿园教育指导纲要（试行）》提出："教师要尊重幼儿不断增长的独立需要，在保育幼儿的同时，帮助他们学习生活自理能力，锻炼自我保护能力"；"既要高度重视和满足幼儿受保护、受照顾的需要，又要尊重和满足他们不断增长的独立要求，避免过度保护和包办代替，鼓励并指导幼儿自理、自立的尝试"。对照《3—6岁儿童学习与发展指南》健康领域的要求和建议，可以把幼儿的进餐常规分解为：

- 小班：能熟练地使用勺子吃饭。
- 中班：会用筷子吃饭。
- 大班：能熟练地使用筷子。

2. 指导幼儿独立进餐的基本方法

(1) 正确使用勺子。勺子，是每个人从小学习使用的第一种餐具。保育员在观察幼儿进餐时发现，有的幼儿由于不会使用勺子，不是让成人喂饭，就是把饭菜弄得到处都是。看似简单的用勺吃饭，其实包括了对手部小肌肉灵活性和手眼协调能力的锻炼。因此，幼儿在小班学会使用勺子吃饭是很有必要的，而且还为以后使用筷子吃饭打下了良好的基础，更为独立进餐良好习惯的培养创造了条件。

(2) 正确使用筷子。使用筷子进餐属于幼儿生活自理能力培养的范畴。使用筷子前，要告诉幼儿用两只筷子，也就是一双筷子吃饭；要将筷子放在右手的大拇指和其余四指中间，食指抵住一根筷子，中指放在两根筷子中间，无名指抵住另一根筷子，小拇指放在无名指下面做夹、合练习。保育员要正确示范并讲解握筷子的方法和坐姿，交代使用筷子时的一些安全事项。比如，拿筷子吃饭时不能转来转去、跑上跑下，不然筷子会戳到小朋友的；盛汤时要把筷子放在桌上，不要拿在手上；筷子是吃饭的工具，不能边吃边当玩具玩等。进餐过程中，要及时纠正幼儿的握筷方法，使幼儿养成正确使用筷子的习惯。保育员要积极鼓励幼儿在家、在幼儿园都使用筷子进餐，告诉幼儿使用筷子吃饭表示自己长大了、更能干了。

（四）典型问题分析与建议

【典型问题1】幼儿依赖教师或者保育员喂饭。

豆豆性格比较内向，刚入园时显得很不适应，总是哭闹不停。每当吃饭时，他都要教师或者保育员喂饭。开始时，教师和保育员认为是分离焦虑比较严重的原因，过一段时间就会好。但是一段时间过后，当大多数小朋友的情绪都稳定了并且能自己吃饭以后，豆豆还是不自己动手吃饭。当教师喂饭时，他就能全部吃完；教师不喂，他就不吃了。教师和保育员问他为什么不自己吃，他哭着说："因为我不会用勺子自己吃饭。"针对豆豆在幼儿园进餐的表现，保育员和教师与豆豆的家长进行了面谈。从交谈中，他们了解到豆豆上幼儿园前主要由姥姥姥爷照看，每天三顿饭都由姥姥喂，从来不自己吃，所以到了幼儿园自然也不会使用勺子进餐，开始由依赖姥姥变为依赖教师。

【分析与建议】针对上述案例中豆豆的表现，保育员可以和豆豆玩"碰碰头"的游戏。"手指家里有五个兄弟，开饭喽，大哥和二哥碰碰头，问声好，他们最喜欢勺子上面的漂亮图案了，也想和小图案碰碰头。其他的三个兄弟呢，最喜欢玩捉迷藏，他们藏在哪里了？找一找，原来藏在勺子下面了！好了，五个兄弟都准备好了，大家就可以一起吃饭啦！”通过这个游戏，可以帮助豆豆很快地记住勺子的用法。在刚开始时，幼儿可能还不熟练，比如可能握着握着勺子就变成铲勺子了，这时保育员可以悄悄地走到他身边，对他说：“别忘了，小手指要和小图案碰碰头哦！”通过这样的反复提醒，慢慢地幼儿就能掌握使用勺子的方法。当幼儿的用餐行为有进步时，保育员要马上表扬他，鼓励他继续保持良好的行为。

【典型问题2】幼儿就餐卫生习惯差。

牛牛最近吃饭经常撒饭，通过观察，保育员发现牛牛吃饭时左手没有扶住碗，所以撒饭。

【分析与建议】要培养幼儿的自理能力就必须放手让幼儿独立去做。幼儿刚开始做不好不要紧，保育员应在幼儿一次又一次的实践中发现他们的进步，多给予幼儿鼓励的语言和眼神，让幼儿树立独立做事的信心。对于幼儿不会用左手扶碗的情况，保育员可以用儿歌提醒幼儿：“左手扶住碗，右手拿勺子，嘴巴靠近碗，大口大口吃。”

有了正确的引导和帮助，加上幼儿自身的努力，相信幼儿一定能做得很棒。

三、组织盥洗

盥洗是幼儿一日活动中必不可少的环节，既是幼儿的生理需要和生活需要，又有利于幼儿良好生活习惯的培养，而养成和习得良好的盥洗习惯是保证幼儿身体健康的基础。世界卫生组织指出：每年有1800万儿童死亡，而其中90%是5岁以下的幼童。养成良好的盥洗习惯是帮助幼儿远离细菌、预防腹泻和肺炎的最为经济高效的方法之一，这样至少可以拯救达一半数量的儿童。因此，保育员一定要重视盥洗环节。

（一）教会正确的盥洗方法

保育员不仅要熟知科学洗手的过程，还应配合班级教师把洗手步骤以图文并茂的形式张贴在盥洗室内，提示幼儿按正确步骤洗手。正确的洗手步骤如下：

- 挽：挽袖子，以免弄湿衣服。
- 湿：在水龙头下把手淋湿，擦上肥皂或洗手液。
- 搓：手心、手背、指缝相对搓揉20秒。其中包含六个步骤：掌心相对，手指并拢相互摩擦；手心对手背沿指缝相互搓擦；掌心相对，双手交叉沿指缝相互摩擦；一只手握另一只手的大拇指旋转搓擦；弯曲各手指关节，在另一手掌心旋转搓擦；搓洗手腕。
- 冲：用清水把手冲洗干净（持续10秒钟）。洗手时水量适中，节约用水，不玩水。
- 捧：用手捧清水将水龙头冲洗干净，再关闭水龙头。
- 甩：双手五指自然下垂，在水池里甩三下，防止手上的水滴在地上。
- 擦：用干净的毛巾将手擦干或用烘干机烘干。

（二）做好盥洗前的准备工作

幼儿每天在园会有好几次盥洗活动，保育员应提前做好相关的准备工作。

- 放好肥皂、消毒毛巾和卫生纸。
- 提示幼儿盥洗时不拥挤、不玩水，地面有积水时要轻走、慢走，以防滑倒。
- 对于身体不适的幼儿要给予特殊的照顾和帮助。

（三）正确指导盥洗

幼儿盥洗时，保育员需要时刻关注幼儿的盥洗情况，引导幼儿有序、安全地洗手。

- 同幼儿一起进入盥洗室，对幼儿的盥洗进行具体指导。
- 指导幼儿盥洗时，保育员动作要轻柔，语言要和蔼可亲，不要留长指甲或戴容易伤害幼儿皮肤的戒指。
- 幼儿盥洗时不得离开，必须等到所有幼儿离开后清理消毒，拖干净地面水渍、摆放好各类物品后方可离开。

除上述要点外，保育员还可以采取以下措施：

(1) 指示性图片。保育员可以在盥洗室墙上贴上浅显易懂的图片并指导幼儿按照图示盥洗，比如，“开水龙头—把手打湿—擦肥皂—搓手心手背—用水冲干净—关水龙头—把手甩一甩”等。幼儿根据图示洗手，能洗得又快又干净。

(2) 评比栏。保育员可以在图示旁边专门布置一块评比栏，奖励盥洗认真的幼儿一面红旗或者一朵小红花，把它贴到评比栏的照片处。

(3) 正确示范。保育员可以通过亲身示范指导幼儿按照正确的方法盥洗。

(4) 生活活动比赛。保育员可以根据幼儿的年龄特点和实际情况组织分组比赛，激发幼儿盥洗的积极性。

(5) 录像纠错。在幼儿盥洗时，保育员可以用摄像机录下幼儿不同的行为表现。然后通过录像回放观摩，让幼儿找一找哪些是对的、哪些是错的并说一说原因，从而发现自己在洗手环节中存在的问题，坚持按照正确的方法洗手。

(6) 家园合作。幼儿园里每一项工作都需要得到家长的支持与配合，因此，保育员与家长在教育理念上达成共识非常重要。除了经常与家长沟通，了解幼儿在家中的盥洗情况，使幼儿园的教育更具针对性外，保育员也要让家长了解幼儿园盥洗习惯培养的要求及方法，使家园教育保持同步，形成合力。

(7) 游戏参与。保育员可以引导幼儿玩各种有趣的游戏，在参与游戏的过程中帮助幼儿了解盥洗的重要性，学习科学的盥洗方法。作为生活教师，保育员可以运用听故事、念儿歌的形式对幼儿进行盥洗教育。比如，在洗手时，让幼儿边洗边念："洗手前，先卷袖，再用清水洗洗手，擦上肥皂搓一搓，指间指缝都搓到，哗哗流水冲一冲，我的小手洗净了。"洗完手后，带领幼儿一起表演《洗手歌》："哗哗流水清又清，洗洗小手讲卫生，大家伸出手儿比一比，看看谁的最干净。"幼儿在不知不觉中受到儿歌或歌曲的引导，不但可以养成如厕后洗手的好习惯，还受到了卫生教育，这样对提高幼儿的生活自理能力以及独立性、克服困难等意志品质的培养都有重要意义。

四、指导如厕

如厕是幼儿园一日活动中的重要生活环节，它能反映一个人最基本的生活自理能力和卫生习惯。幼儿时期是人生的起点，是生理、心理迅速、连续发展的时期，具有巨大的潜力和可塑性。如厕能力的培养对幼儿以后的发展有重要意义。

（一）幼儿如厕常规

不同年龄段的幼儿有不同的如厕常规。具体如下：

1. 小班

- 学习有序如厕，掌握正确的如厕方法。
- 及时如厕，知道便后要擦屁股，会主动向教师提出要求，学习便后正确的洗手方法。
- 知道如厕时不玩耍，注意安全。

2. 中班

- 学会定时大小便，有困难时会大胆主动提出要求，便后主动正确洗手。
- 学会正确的如厕方法，并有序地进行如厕活动，学习大便后使用手纸擦屁股（女孩子学习从前往后擦）。
- 知道不能在厕所里玩耍，学习初步的自护方法。

3. 大班

- 养成定时大小便及便后正确洗手的良好习惯。
- 自觉有序地如厕，大便后会正确使用手纸擦屁股（女孩子能从前往后擦)。

- 不在厕所里玩耍，懂得一些自护方法。

(二)组织如厕的基本方法

保育员可以采取以下两种方法组织幼儿如厕：

1. 童谣法

对于简洁明快、朗朗上口、幽默风趣的童谣，幼儿非常喜欢朗诵，也容易接受理解。幼儿在诵读童谣的同时强化和约束着自己的行为。比如，让幼儿在排队如厕时学念儿歌：“小朋友，有礼貌，一个一个排好队。前面有人等一等，前面没人再上去，知道排队来如厕。”引导幼儿在学习擦屁股时念儿歌：“小手纸，手中拿；小屁股，翘起来；手纸对准小屁股，轻轻地擦一擦，再把手纸折一折，然后再来擦一擦，屁股擦得真干净。”在洗手时，可以让幼儿学说儿歌：“小朋友，来洗手，伸出手，淋淋湿，抹上肥皂搓一搓，清清水里洗一洗，再用毛巾擦一擦，我的小手最干净。”

2. 榜样法

幼儿常规的养成是一个循序渐进的过程，也是一个从遵守规则、执行规则到内化为自己自觉行动的过程，即是一个从他律转变为自律的过程。在这个过程中，榜样、奖励非常关键。因此，在培养幼儿良好如厕习惯时，保育员应经常运用榜样、奖励等方法。比如，在组织幼儿排队如厕时，让未轮到的幼儿欣赏有序幼儿的良好行为；在组织幼儿洗手时，组织几名洗手方法好的幼儿进行示范，通过榜样示范，刺激其他幼儿产生要学习的愿望。同时，被学习和模仿的幼儿也会因此产生自豪感，从而巩固良好的如厕习惯。

（三）典型问题分析与建议

【典型问题1】幼儿在园经常拉裤子、尿裤子。

【分析与建议】在幼儿园里，尤其是小班幼儿，时不时地会拉在或者尿在裤子里，原因有三：一是幼儿因贪玩忘了上厕所；二是幼儿不会脱提裤子；三是幼儿换了陌生环境不愿在幼儿园大小便。

针对以上情况，保育员需要“对症下药”。比如，对于因贪玩忘了上厕所的幼儿，保育员要及时提醒他上厕所；对于情绪紧张的幼儿，要多跟他说说话，再运用肢体语言亲近他（如抱抱、亲亲等），从而消除他的紧张情绪；对于不会脱裤子的幼儿，保育员一方面要提醒家长给孩子穿宽松的衣服，另一方面可以在区域活动中通过给洋娃娃穿脱衣服帮助幼儿掌握穿脱裤子的方法。保育员还可以把生活中发生的事编成小故事，让幼儿在听故事的过程中学习如厕的方法。

最重要的一点，对于尿湿裤子或拉在裤子里的幼儿，保育员要及时为幼儿换上干净的裤子，不责怪、不批评幼儿。

【典型问题2】幼儿如厕无序。

在男女生依次分别如厕时，有些幼儿不遵守规则，不等正在大小便的小朋友上完，抢着如厕，结果把尿尿在身边小朋友的鞋上、身上。

【分析与建议】针对案例中的情况，保育员可以这样做：①在盥洗室的墙上贴上小朋友有序排队的图片，从行为规范的角度告诉幼儿应该怎样做。②请幼儿担当值日生，帮助教师维持秩序。值日生是一个光荣的职务，是老师的小帮手，因此幼儿园的值日生活动总是受小朋友欢迎的。保育员可以请既遵守规则又具有良好行为习惯的小朋友轮流当值日生，让值日生协助自己监督和管理其他幼儿。比如，在培养幼儿良好的如厕习惯时，可以请值日生协助保育员检查小朋友是否拥挤等。幼儿的一些不良习惯在值日生的指导和督促下可以得到改进，良好的习惯也能逐步形成。

五、组织睡眠

午睡环节是午间保育工作最为重要的环节，保育方法得当与否直接影响幼儿入睡的时间和睡眠的质量，影响幼儿身体各部位的能量调节，影响幼儿一日生活与学习的效果。它与其他环节最大的不同在于要求大部分幼儿能同时安静入睡，而要使性格各异的幼儿做到整齐划一，就需要保育员采用积极有效的方法，才能在短期内达到预定的效果。

（一）幼儿午睡常规

《幼儿园教育指导纲要（试行）》提到："与家长配合，根据幼儿的需要建立科学的生活常规。培养幼儿良好的饮食、睡眠、盥洗、排泄等生活习惯和生活自理能力"；"既要高度重视和满足幼儿受保护、受照顾的需要，又要尊重和满足他们不断增长的独立要求，避免过度保护和包办代替，鼓励并指导幼儿自理、自立的尝试"。对照《3—6岁儿童学习与发展指南》健康领域的要求和建议，我们可以把幼儿的午睡常规分解为：

1. 小班

- 在成人的提醒下，按时睡觉和起床，并能坚持午睡。
- 在成人的帮助下，有主动穿脱衣服、鞋袜的意愿和行为，并知道衣物应有固定的放置地点。

- 午睡时能保持安静，有如厕及其他要求时能主动表达意愿并及时如厕。

2. 中班

- 每天按时睡觉和起床，并能坚持午睡。
- 能自己穿脱衣服、鞋袜，扣纽扣，并能把自己的物品整理整齐。
- 安静就寝，同伴间有相互协作的愿望和行为。

3. 大班

- 养成每天按时睡觉和起床的习惯。
- 能根据冷热增减衣服，会自己系鞋带，并能按类别整理好自己的物品。
- 午睡姿势正确、习惯好，能指导和帮助能力弱、年龄小的同伴穿脱衣物。

（二）组织睡眠的基本方法

睡眠对恢复机体的活动能力、保障幼儿的身体健康有重要意义，因此幼儿园应保证幼儿获得充足的睡眠。在组织午睡时，保育员不仅要创设良好的睡眠环境，还要鼓励幼儿做力所能及的事情，要对幼儿的尝试与努力给予肯定，不要因为幼儿做不好或做得慢而包办代替。同时，还要指导幼儿学习和掌握生活自理的基本方法，如穿脱衣服、鞋袜等。

1. 睡前准备

入睡前的准备工作是保证幼儿良好睡眠的前提和保障。一般情况下，保育员应做好以下几项工作：

(1) 营造适宜的睡眠环境。保育员应注意保持寝室的空气流畅，温度适宜，光线适宜，适合幼儿安静入睡。一般来说，寝室应全天开窗通风，但在寒冷季节时可在午睡前半小时关窗以确保寝室温度适宜；午睡前应拉好窗帘，降低室内亮度；排除嘈杂的谈话或走动声响，为幼儿尽快入睡做好准备。

(2) 准备适宜的床铺被褥。保育员不但应根据季节变化及时更换适宜的被褥，还应考虑幼儿的特点安排合理的铺位。比如，把体弱的幼儿安排在避风处，把怕热的幼儿安排在通风处（但不能吹穿堂风），把难入睡或爱讲话的幼儿安排在便于保育员关注的地方；在床铺上贴上幼儿姓名或照片，有助于教师和幼儿分辨。

(3) 组织适宜的睡前活动。保育员在幼儿午餐结束后、午睡之前可组织一些安静的活动。比如，带领幼儿散步，请幼儿听轻柔的音乐、情节舒缓的故事、优美的儿歌，使幼儿放松心情、安定情绪，为尽快入睡做好准备。

(4) 快速排除安全隐患。在幼儿上床前，检查其口腔内是否有食物残渣，督促幼儿饭后漱口；检查其是否带有玩具或其他小物品，如果有应代为保管；检查幼儿的佩饰是否放在安全的地方，如女孩的发卡、手链、胸花、头饰等，男孩喜欢玩的小玩具、弹球、小零件等。

(5) 督促提醒幼儿排尿。睡前应提醒幼儿少喝水；睡前10分钟提醒幼儿大小便，帮助幼儿减少生理上的干扰。

2. 睡间指导

为了保证幼儿拥有良好的睡眠质量，保育员应关注幼儿的个体差异，有针对性地提出相关要求，逐步引导幼儿养成良好的生活习惯和初步的生活自理能力，帮助幼儿逐步建立自我服务的意识。

(1) 指导幼儿脱放衣物。小班幼儿年龄偏小，自理能力差，保育员可以指导幼儿边念儿歌边学习脱放衣物。比如，“拉下小拉链，两手开小门。左手帮右手，拉拉小衣袖。后面拉一只，前面拉一只。宝宝本领大，衣服脱好了！”也可以采取图案提示的方法，比如，在床底下相应的位置画上小鞋子或者小脚丫的图案帮助幼儿正确摆放鞋子；还可以采取请大班哥哥姐姐帮忙的方法来指导幼儿学习正确脱放衣物的方法。而到了中班，就可以在小班的基础上偏重指导幼儿学会协作和相互帮忙，互相提醒、监督，逐步养成正确的脱放衣物习惯。大班幼儿的自理能力增强，保育员可以请值日生协助指导和监管，并适时进行指导和整理，保证班级幼儿的常规基本达到统一标准：将鞋袜放在床下，将外衣、外裤叠整齐放在指定的位置，把外衣放在外裤上面便于起床时穿着；幼儿能按顺序脱放衣物，形成“脱放鞋袜—叠整衣裤—料理床铺—上床盖被”的生活自理习惯。

(2) 纠正幼儿的不良睡姿。保育员应坚持每天提醒幼儿右侧卧躺下，尤其是对于小班幼儿，他们对左右方向还识别得不是十分清楚，保育员可用示意图或是语言进行提示。比如，对幼儿说：“我们的小脸要和小枕头交朋友，把小脸贴到拿勺子的手的这一边的枕头上。”发现幼儿有不良睡姿时，保育员应立即指导幼儿纠正；冬季应提醒幼儿将被子盖到脖子下面，把双手放入被子中；发现幼儿踢被子或蒙头睡，应及时帮忙盖好或拉下被子，并在起床后及时对幼儿进行教育。

(3) 安抚幼儿快速入睡。幼儿精力旺盛，兴奋时间长，上床后很难在短时间内入睡，保育员可以用轻柔的语气对全体幼儿提出睡眠的要求。比如，“把眼睛、嘴巴闭上”、“静静地躺着”、“把身子侧过去”、“把小手放入被子里”、“让我帮你把被子盖好，要不然小脚丫会露出来，你会冷的”等；也可以用轻缓的抚摩、暗示的表情或提醒的手势等引导不能入睡的幼儿尽量入睡；也可以在入睡前跟小朋友交代任务：“请小朋友们做个好梦，醒来后我们比比谁的梦最美。”引导幼儿尽量克制自己闭上眼睛，进入梦乡。

(4) 坚持巡回检查。值班人员全程不得擅离班级，不得做与工作无关的事，确保能在第一时间、以最快的速度到达发生意外的幼儿处；应坚持每15分钟巡回检查一次，观察幼儿的睡眠情况，冬天及时为幼儿盖好被子，夏天注意调节室内温度，为出汗的幼儿擦去头上的汗；特别要关注吃药发烧的幼儿，做到有异常情况能及时处理。

(5) 落实交接班制度。教师或保育员应向午睡值班人员做好交接班工作，明确说明幼儿的情况和应特别需要关注的地方；值班人员应做好午睡观察记录；还应注意做好活动室和寝室温度的衔接，在幼儿进入前提前调节空调的温度，避免温度过高或过低导致的身体不适。

3. 起床整理

起床整理是容易让保育员忽略的环节，做得好可以减少混乱，避免幼儿生病；做得不好会引来家长的不满，也可能导致事故发生。保育员应该做好以下几点：

(1) 营造起床环境。不管在冬季还是在夏季，保育员应在幼儿起床前5分钟将窗户关好，避免幼儿着凉。然后，播放安静轻柔的音乐或节奏平缓的故事，轻柔地唤醒幼儿。对于赖床的幼儿，可轻拍或轻声叫醒他。

(2) 督促幼儿起床自查。指导幼儿坐在床上先穿好上衣，再起身穿裤子，以防止感冒；提醒幼儿自查，看是否存在少穿了衣服、穿反了鞋子、穿错了裤子、漏穿了袜子等情况。如果存在这些情况，请幼儿及时调整，使幼儿逐步养成正确的起床穿衣习惯。而对于年龄偏小、自理能力又较弱的小班幼儿，保育员应等班上其他两位教师都到了再叫幼儿起床；而对于醒得较早的幼儿，可以采取谁先醒就先帮助谁穿衣的方法逐步进行。在督促幼儿自查方面可以请大班哥哥姐姐帮忙，这样就可以避免幼儿等待。

(3) 严格午检制度。保育员应在幼儿起床过程中观察幼儿的精神状态，对表现异样的幼儿，如平时活跃的幼儿突然很安静、幼儿脸色苍白或者有不正常的潮红等，保育员要即刻进行体温检查，或是送到医务室请保健医生处理。尤其是对于托、小班幼儿或者性格内向的幼儿，保育员更要仔细、重点地进行观察，做到有问题及时处理。在组织幼儿如厕时，保育员也要适当地观察幼儿的小便情况，发现小便颜色加深或是小便过多、过少等问题都应该有针对性地处理；尤其是在干燥季节，保育员要督促所有幼儿多喝水。保育员可以通过集体活动讲解水对人们身体的重要性，以此来引导不爱喝水的幼儿；还可以让幼儿对比一下不同颜色的小便图片来引起幼儿对喝水重要性的关注，保证幼儿主动饮水、补充充足的水分。

(4) 协助整理寝室。幼儿起床速度不一样，教师和保育员应提前做好分工，一人为女孩梳头，另一人组织其他孩子如厕、饮水或游戏；待全部幼儿离开寝室后，教师可协助保育员整理好床铺，保持床面整洁、枕被摆放整齐；保育员负责打扫寝室卫生，开窗通风，保持寝室空气流通。

（三）典型问题分析与建议

在午睡期间，保育员经常发现少部分幼儿存在入睡问题。比如，在床上翻来覆去，迟迟不能入睡；趴在床上四处张望，有时自言自语或唱歌；该睡时不想睡，该起床时却醒不来；躲在被窝里做些小动作，如玩手指等；抱着“安慰物”才能入睡；不停地要上厕所……这就要求保育员能及时根据幼儿的状况采取适宜的应对方式，做较为适宜的调整。

【典型问题1】幼儿迟迟不肯入睡。

【分析与建议】才入幼儿园的小班幼儿一开始往往难以独立入睡，分析起来，可能存在两个方面的原因：一是幼儿才来到陌生的环境，因为内心焦虑或过于兴奋难以入睡；二是在家养成了大人哄睡或陪睡的习惯，一时难以适应独立入睡。因此，建议保育员扮演家长的角色，轻轻拍着幼儿入睡，使他们深深地感受到“老师喜欢我”、“老师和妈妈一样好”，从而情绪放松，逐渐对新环境产生安全感。当幼儿适应环境后，保育员再逐步减少陪伴的次数，直至幼儿能够独立入睡。对于依恋家长不能入睡的幼儿，教师或者保育员可以让幼儿带一张家长的照片，让幼儿心理得到安慰。对于一些分离焦虑严重的幼儿，保育员要与其家长协商，让幼儿午饭后回家睡觉，从半日入园逐渐过渡到全天入园。有的幼儿精力旺盛，保育员不要强求幼儿必须入睡，否则会让幼儿产生心理负担，可以对幼儿说：“睡不着没关系，闭上眼睛，躺着休息一会儿。”

【典型问题2】幼儿采用趴睡、跪睡、蒙头睡等不良睡姿。

【分析与建议】不正确的睡姿常常与家庭生活习惯有关，可能是幼儿模仿成人形成的，也可能是成人不太重视孩子的睡姿导致的，因此保育员要分别跟幼儿和家长讲解正确睡姿对身体的益处和不正确的睡姿对身体的影响，要说明右侧卧是比较适宜的睡眠姿势——不会压迫心脏，睡眠有稳定感；而仰卧容易导致舌根下坠，阻塞呼吸；俯卧会压迫心脏和肺部；左侧卧会压迫心脏、胃部，容易让人在睡觉时翻来覆去，睡眠不稳定。对幼儿应多鼓励，多让幼儿模仿，督促其采用正确的睡姿；与家长则应多交流沟通，并请家长在家里配合、指导幼儿采用正确的睡姿。此外，对于趴着睡、吃被角的幼儿，教师可以说："小脸和枕头是好朋友（侧身睡），两只小手是好朋友（握在一起），和你的小手捉迷藏（藏在被子里）。"

【典型问题3】幼儿午睡时常出现跟风的情况。

【分析与建议】在幼儿午睡过程中，经常会有这种情况出现，即当一个幼儿不知为何笑起来后，另一个幼儿也会莫名地跟着笑，接着其他幼儿也都起哄，大家兴奋起来，相互影响，难以入睡。

对于这样的情况，常用的方法就是睡前讲故事。保育员或者教师应顺应幼儿喜欢听故事的特点，引导幼儿迅速安静下来，约定安静后才开始讲故事，表现好就多讲，表现不好就减少故事数量。为了避免幼儿越听故事越兴奋，选择的故事内容应以情节简单、情节冲突不太激烈为宜，且教师的声音不宜过大，如《小蝌蚪找妈妈》、《好饿好饿的毛毛虫》、《猜猜我有多爱你》等就很适合睡前讲。

【典型问题4】幼儿存在午睡焦虑症。

【分析与建议】午睡时，有的幼儿害怕自己的鞋袜、衣服会丢失，有的幼儿担心自己会尿床，还有的幼儿担心会有恐怖的事情发生，总之都是种种难以入睡的理由。

保育员可以扮演家长的角色，多关注和亲近这些容易焦虑的幼儿，通过更多的关爱行为和眼神逐步得到幼儿的信任。对于怕丢失鞋袜、怕找不到鞋袜的幼儿，保育员可以采用“让小袜子午睡”的办法，帮助幼儿给袜子找一个固定的位置。对于担心尿床的幼儿，保育员一方面可以有针对性地提醒幼儿上床前排尿，加强幼儿自觉排尿的训练，消除其顾虑；另一方面告知幼儿，老师会帮忙检查的，让幼儿安心入睡，并且在巡查时重点关注幼儿的床铺，发现幼儿有排尿征兆时，可及时提醒幼儿如厕。此外，对于幼儿避免尿床的行为要给予及时的表扬，以增强其自我调控的信心，逐步解除其精神负担。对于担心发生恐怖事情的幼儿，保育员要给予更多的情感关注，一方面尽量不要把该幼儿的床铺安排在角落或光线过暗的地方，告知幼儿并使其相信老师一直在陪着大家，以增强幼儿的安全感；另一方面，待幼儿躺好后轻拍被面或轻摸幼儿头部，轻声祝愿幼儿做个好梦，让幼儿感受到关爱。

【典型问题5】幼儿患有“安慰物”症。

【分析与建议】幼儿园里还有一些幼儿午睡时要抱着诸如布娃娃和毛巾之类的东西才能入睡。

对于这样的幼儿，在不影响其他幼儿入睡的情况下可以允许其继续抱着，待幼儿逐步适应幼儿园环境后，再采用鼓励和转移注意力的方法帮其戒掉对这些物品的依赖。比如，有的幼儿有睡觉咬手指的习惯，保育员可以握住幼儿的手陪幼儿入睡，或者对幼儿说：“睡觉啦，锁门啦（小手合起来），把锁放在枕头下。”或者将安慰物放在幼儿能看到的地方，使幼儿相信正和它一起睡或让它看着自己入睡。而对于一定时间内情况好转的幼儿，保育员应和其家长联系，用语言奖励或是约定好的物质奖励等帮助幼儿巩固。

【典型问题6】幼儿有自慰行为。

【分析与建议】午睡时，幼儿还可能会出现自慰行为。男孩通常表现为趴在床上睡，将小腹部紧贴着床被，两腿僵直，下身进行摩擦，同时，小脸憋得通红，头上冒汗不止。女孩则表现为大腿紧紧交叉，有时合扑而睡，身体上下抽动，用枕头在下身摩擦，神情十分紧张。

当发现幼儿有类似的自慰行为时，保育员一定要认识到现象背后的原因，不可严厉喝止，以免造成幼儿心理上的羞愧感，而应认识到这类现象属于四五岁幼儿成长中的一种自然的行为，通常是在幼儿“手闲”、“无聊”、“没事干”的情况下出现的。国外有研究认为自慰的孩子智力一般都较好，只是由于他们的运动量过少，内在冲动没有得到合理的释放，才导致自慰行为的发生。因此，保育员要注重一日活动中运动量的合理分配，尤其要落实好上午的晨间活动、户外活动和餐后的散步活动，适当增加活动量，满足幼儿身体发育和运动的需要；同时，对个别幼儿的自慰行为需要用冷处理的方法来对待。比如，告诉他：“小鸡鸡是个重要的地方，手上有细菌，不能用手去玩”，或用幼儿感兴趣的话题转移其注意力。

【典型问题7】幼儿在午睡期间突发安全事故。

在午睡期间，当大部分幼儿都已睡着后，婷婷突然大哭起来。保育员询问后得知，她把手链上的一颗珠子放到耳朵里，掏不出来了，保育员赶紧送她去了医院。

【分析与建议】上述案例中，午睡值班人员没有尽到午睡工作的职责，表现在：没有做好午睡前的检查，没有发现手链上的珠子；没有进行巡回检查，所以没发现幼儿在玩珠子；没有尽到告知和指导家长的义务，导致家长让孩子带了存在安全隐患的物品到幼儿园。保育员和教师要严格执行保育工作的各项制度，在午睡环节，要严格落实检查和巡视工作，真正以幼儿的生命安全为首要任务，做好午睡的各项检查工作。

【典型问题8】午睡时，幼儿乱放衣服，睡觉有声音。

【分析与建议】针对这种情况，保育员可以以游戏化的语言引导幼儿把衣服脱下后整整齐齐地放好。比如，对幼儿说："把小鞋脱掉，倒车倒到小椅子停车场里"、"把上衣给小椅子背穿上，把小裤子给小椅子当被子盖"、"小鞋要回家睡觉了，衣服也要睡觉了"。

对于幼儿睡觉时常常和旁边的小朋友窃窃私语或者自言自语的情况，教师可以引导幼儿说："睡觉了，关门了（不说话)"、"猫妈妈在找宝宝呢，快别出声了"。

【典型问题9】幼儿不会叠衣服。

【分析与建议】保育员可以将叠各种衣服的方法编成生动形象的儿歌，引导幼儿学习叠衣服的方法。比如，"小衣服，躺平了，两扇大门要关好，左臂弯一弯，右臂弯一弯。"儿歌说完了，幼儿也能把自己的小衣服叠好了。对于托、小班的幼儿，保育员应在生活活动中有意识地引导幼儿认识衣服的前后，了解平铺衣服的方法，进行简单的对折练习。在午睡环节，保育员还可以给幼儿做示范，告诉幼儿："我会这样做，请你跟我这样做。"请幼儿模仿保育员的叠衣方法，最后由保育员统一整理。

第三章

配班工作

幼儿园的保育员不能只是做好卫生消毒工作就行了，还必须掌握一些基本的配班技能。保育员的配班技能一般会从四个方面来体现，一是活动前协助制作玩教具，二是活动过程中对特殊儿童的观察与指导，三是参与到家园共育的过程中，四是要会处理一些幼儿园常见的意外伤害问题。从这些配班技能上看，做好一名保育员是非常不容易的，需要学习和配合的任务还很多。

一、活动前协助制作玩教具

幼儿园的教育活动一般分为生活活动、游戏活动、集中教育活动等，因为幼儿的年龄小，所以教师经常需要用玩教具来辅助教育活动，尤其在一些大型活动前，班上的教师忙不过来，保育员就必须与教师共同制作玩教具。如此，保育员了解一些制作玩教具的常识就显得非常重要，这也是保育员需要掌握的一项基本配班技能。

玩教具是幼儿教育活动中不可或缺的要素，对幼儿的全面发展和综合能力的提高有着独特的不可替代的作用。在新教育语境中，玩教具对于幼儿教育的整合提高尤为重要，可以培养幼儿的创造力、动手能力和主动学习能力，为幼儿健康、快乐成长乃至发展奠定基础。

（一）保育员参与玩教具制作的必要性

保育员工作是幼儿教育工作的重要组成部分。保育员是幼儿园的重要工种之一，是保育工作的具体实施者。保育员作为幼儿教师的助手，主要工作是负责幼儿正常教学以外的保健、养育、护理等，并在平时的教学过程中协助当班教师对幼儿进行教育。在幼儿园的日常教学中，虽然每个岗位的分工不同，但是基本职责与要求都是一样的，其目的都是促进幼儿的全面发展。

随着社会的发展，保育的观念有所改变，已不再是停留在照顾好幼儿的一日生活及做好卫生就行。现在的教育形势要求教师和保育员既要明确分工，各司其职，又要互相交流，密切配合，保持一致。保育员除管理幼儿的一日生活外，还要配合本班教师组织教育活动，同时还要做好活动前教具、用具、场地的准备工作和活动后的收拾整理工作，协助教师进行环境创设和活动材料的制作，在组织活动前主动询问主班教师是否需要帮助制作玩教具、布置环境、摆放桌椅等。那么，保育员如何协助教师制作玩教具呢？

（二）制作玩教具的原则

制作玩教具对每个幼儿教师来说都不陌生，它是幼儿教师必备的一项基本功，但对于保育员来说有些困难，因为保育员从未接受过专业训练，不知道该从何着手，因此有关玩教具制作的培训对她们来说非常重要。比如，幼儿园可以找出几名手工制作水平高的教师指导保育员学习制作方法，使保育员认识到制作玩教具对幼儿的发展有着独特的价值。很多保育员以为玩教具只有教师能做得好，其实有了制作技巧，再花点心思，生活中各种物品都能变成玩教具。但保育员在协助教师之前，一定要率先熟知制作玩教具的5大原则。

1. 安全性原则

如果玩教具的安全性无法得到保证，那么再好的教育功能也都是空谈。因此，保育员在协助制作时一定要注意玩教具的安全性，包括边角是否可能刮伤幼儿、幼儿是否可能误食等。

2. 趣味性原则

富有趣味性的教具和玩具才能吸引幼儿动手操作，而只能吸引幼儿一次的玩教具还称不上是好的玩教具，只有那些能吸引幼儿不断操作的玩教具才算是富有趣味性的玩教具。身处敏感期的幼儿都喜欢重复的动作，并且借助重复的动作获得学习能力和经验。

3. 适龄性原则

要制作出富有成效的好的玩教具，就一定要考虑到幼儿的年龄特点，也就是说玩教具要符合幼儿的发展能力。比如，到了幼儿发展精细动作的时候，就要制作可练习精细动作的玩教具。

4. 由简到难原则

即便是同一种玩教具，也会有难易程度的分别。保育员必须充分了解，不要一开始就制作难度超出幼儿自身能力太高的玩教具，以免引起幼儿的挫败感。比如，提供剪纸让幼儿练习，一开始可以画直线让幼儿沿着直线剪裁，然后再画斜线、曲线、圆形和各种不规则线条等。

5. 尺寸适宜原则

为了方便幼儿操作，玩教具及材料尺寸不宜过大，以免影响使用效果，把发生伤害的可能性降到最低限度。

（三）如何协助教师制作玩教具

保育员协助班级教师根据教学需要制作一些玩教具，既可以提高自己节约能源、关注环保的意识，又培养了动手能力、创造能力及合作精神，同时也保证了教学活动的顺利开展。

1. 前期准备

保育员要注意收集和选择合适的玩教具制作材料。

(1) 平时应注意收集生活中的废旧材料和可利用的零星材料。比如，利用生日蛋糕盒的底座，制作一个认识钟表的教具。

(2) 了解并根据教育的需要，有目的地准备材料。保育员应经常性地询问教师近期需要准备哪些玩教具材料。比如，大班教师要组织幼儿玩报纸，保育员就应提前为教师准备好与幼儿人数相同的报纸。

(3) 把收集的废旧材料分类整理，然后进行消毒，使制作材料达到安全标准和卫生要求并将其摆放在合适的位置，同时告知教师，以备使用；如果数量或种类不够，保育员可以继续收集。

在整个的前期准备过程中，保育员要让教师腾出更多的时间把精力放在主要的教学工作上。“收集”这一环节流程如下：收集大量可用的废旧物品—按照物品的种类及形状分类—清洗、消毒—分类摆放、反馈情况、提出建议—再收集。

2. 配合制作

在玩教具制作活动中，保育员要充分发掘自身的潜能，让个性理念得到充分的发挥。在制作过程中，保育员应把自己当成是发展中的、富有潜力的、整体的、具有主动性的人，是参与者和合作者，而不是被动的客体，应选择合适的材料，协助教师制作玩教具。在选材和制作时，保育员要看材料是否结实、耐用、卫生，有没有尖锐的东西可能误伤幼儿，玩具和教具的大小、轻重是否适合该年龄段幼儿使用。比如，保育员可以根据本班空间的大小设定玩具的大小，根据幼儿的需求量决定制作的数量，并根据幼儿的情况对玩具及时进行调整，以使其达到最佳的使用效果。

幼儿园要进行器械操表演，中四班教师想让孩子做筷子操，保育员知道了教师的想法，就利用几天时间从不同的地方收集来了方便筷。同时，在教师的指导下用拉花条对方便筷进行了装饰。由于保育员积极参与，在很短的时间里中四班的器械就准备好了。这样的协助既提高了保育员自己的制作水平，又为教师专心编排器械操提供了保障，也密切了同事关系。

在设计班级主题墙时，通常是教师最忙的时候，教师既要构思内容，又要动手操作，这时保育员如果能积极参与进来，就会减轻教师的压力。

张老师想在主题墙上设计一棵大树，需要许多树叶，这时保育员李老师主动请缨，拿起剪刀就按照张老师画的形状开始剪。但由于经验不足，李老师剪出的树叶不够好看，张老师就耐心指导她。通过不停地练习，很快李老师的树叶剪得有模有样了。这次的协助大大增强了李老师的自信心和积极性，也增强了李老师的班级主人翁意识。

3. 分类登记造册

保育员应把自己与教师共同制作的玩教具分类登记，以便以后教师使用时，能清晰明了地知道该物品有多少、是否需要补充，为教学活动提供有效的保障。

4. 摆放玩教具

玩教具有大有小，占据了教室不小的空间，如果玩教具摆放没有秩序的话，不仅浪费宝贵的空间资源，其作用也得不到最大程度的发挥。所以，保育员要学会科学地摆放班级的玩教具，应根据幼儿的身高，按照拿取方便、安排合理、摆放整齐的原则，力求做到美观而安全。保育员如有好的建议应及时向教师提出。

5. 日常维护

保育员应经常检查玩教具，如有破损，应及时修补。因为破损的玩教具容易使幼儿产生不爱惜玩具的心理，有时也会对幼儿造成伤害。在检修玩教具时，保育员应帮助和指导幼儿一起做。

保育员应脚踏实地地在协助教师中学习，这样不仅可以增强自身的工作能力和教育技能技巧，也会从中认识到自己工作的重要性。“制作”这一环节流程如下：配合教师将制作时要用的废旧物品准备好—配合教师完成手工制作—分类登记造册—分类摆放、反馈情况、提出建议—日常维护。

（四）指导幼儿使用玩教具

教师每次组织幼儿自制玩具或幼儿首次接触玩具前，保育员应预先向教师请教做法和玩法，这样在教师操作演示时，保育员就可以一起示范，协助幼儿安全有序地制作或使用玩教具。比如，上述器械操活动中，幼儿使用时，保育员应时时提醒幼儿做操前后轻拿轻放，不要用手拽拉花，以免影响美观；不要用筷子打他人。又如，班上开设了手工区活动，教师设计了让幼儿用废报纸进行“废物再利用”内容，幼儿起初不知该如何下手，这时保育员作为协助者应积极参与进来，启发幼儿一起用废报纸制作一些纸球。比如，保育员编一个易懂的儿歌：“报纸报纸真神奇，上下左右一起揉，使劲捏使劲揉，揉成一个小纸球。”这个通俗的儿歌能让幼儿很快地掌握整个制作过程，使活动达到事半功倍的效果。在这个过程中，保育员不仅制作了一件玩具，锻炼了自己动手动脑的能力，同时还引导了幼儿，真正体现了保教结合的原则。

总之，只有让保育员真正了解协助教师制作玩教具的重要性，才能促使她们进一步以教育者的标准严格要求自己。充分发挥保育员协助教师的作用，将直接关系到幼儿的健康成长和教学工作的顺利进行；同时，保育员和教师的工作只有相互支持、相互渗透，才能成为一个整体，才能实现我们的最终目标——促进幼儿身心健康协调发展。

二、活动中对幼儿的观察与指导

《幼儿园工作规程》指出：“保育员要在教师指导下，管理幼儿生活，并配合本班教师组织教育活动。”这说明在幼儿园教育活动过程中，保育员的职业素养、工作态度、教育行为直接影响着保教工作的质量。那么，保育员在教育活动过程中应具备哪些配班技能，才能确保活动的顺利开展呢？

（一）观察幼儿的方法

观察幼儿是保育员在教育活动中应配合教师开展的重要工作，也是保育员必须具备的基本能力。那么，在不同的教育活动中保育员应该如何观察幼儿呢？

1. 在集体教学活动中对幼儿的观察

- 观察幼儿活动的秩序，善于运用适当的方式维持活动的秩序，发现不安全因素以及幼儿不当的行为及时制止。
- 观察幼儿的表现，注意幼儿的坐姿、用眼卫生习惯、书写姿势等。
- 观察幼儿的情绪变化，对于中途需要小便、有特殊要求的幼儿及时给予帮助，以免影响活动的正常进行。

2. 在户外活动中对幼儿的观察

- 观察幼儿进行身体锻炼时的运动量，并做出适当且合理的调整。
- 观察幼儿进行身体锻炼时出汗的情况，提醒幼儿及时脱去外衣。在出汗过多的幼儿背上垫上干毛巾，以免汗湿内衣。其中，对于中、大班幼儿，可提醒其脱去外衣；对于托、小班幼儿，则需帮助其脱去外衣。
- 观察幼儿的活动状况，比如是否有序活动，是否遵守活动规则，是否爱护运动器械等。

3. 在区角活动中对幼儿的观察

- 观察幼儿活动的情况，并不断地给予鼓励和表扬，激发幼儿游戏和探究的兴趣。

- 观察幼儿的需求，并给予适宜的帮助。
- 观察幼儿之间的交往，出现矛盾和冲突要及时处理和引导。

4. 在生活活动中对幼儿的观察

保育员在生活中对幼儿进行观察主要是和幼儿平时的表现做对比，发现幼儿的异常表现及时做出回应和相应的护理。

- 情绪变化。情绪好坏是了解幼儿健康状况的重要标志之一。身体健康的幼儿活泼好动，爱玩，对周围环境很感兴趣；生病的幼儿则会表现出不爱动、没精神、烦躁不安或哭闹等情绪方面的异常。

  和平时相比，如果幼儿的情绪有明显变化，如容易哭泣、爱发脾气、心绪不宁、表情痛苦、不能平静地游戏等，并长时间处于这种状态，难以转移和排解，则表明幼儿可能生病了。

- 表情和神色。正常的幼儿眼神灵活，精力旺盛；生病的幼儿则会出现眼神发呆，好似凝视远方，同时伴有尖声啼哭等行为。正常的幼儿面色红润，如果幼儿面色比平时苍白或发红，则说明幼儿可能生病了。
- 食欲。幼儿食欲欠佳，饭量明显地减少甚至拒绝进食，而且伴有恶心、呕吐等症状，则表明幼儿可能生病了。
- 大小便。幼儿大小便过多或过少，小便颜色加深甚至出现腹泻，则表明幼儿可能生病了。
- 睡眠。平时入睡快、睡得安稳的幼儿，现在忽然入睡困难，睡眠不安，睡眠中出现惊厥和哭闹等现象，则表明幼儿可能生病了。
- 身体出现感冒的体征。当幼儿出现鼻孔阻塞、用口呼吸或者流鼻涕、连续打喷嚏、扁桃体红肿、脚心发热，耳朵发红、额头和后颈发热等症状，则表明幼儿可能生病了。

幼儿活泼好动，有时发着低烧，也玩兴浓厚，因此很难从外在行为上看出来。这就要求保育员抓住晨、午、晚检和一日生活各环节仔细观察，及时捕捉幼儿可能生病的迹象，发现问题，及时处理。

（二）对体弱儿的指导

体弱儿童是指早产儿以及经常患呼吸道感染、哮喘疾病及患先天性心脏病、缺铁性贫血的儿童。体弱儿童的内在免疫与防御能力比一般儿童差，身体对抗刺激的反应能力、神经系统调节功能不稳定，若气候骤变、营养不良、活动过度等则容易发病。幼儿园对于体弱儿的照顾和关心是幼儿保健的重要工作之一，保育员应给予体弱儿更多的照顾和关心，注意他们的生长发育情况，使他们逐步地强壮起来。

1. 引发幼儿体弱的原因

除先天不足及有疾病史外，家长不太恰当的照料和护理也容易造成幼儿的体弱。一般会有以下几方面原因：

- 家庭饮食结构不合理，幼儿饮食习惯差。
- 幼儿睡眠时间得不到保障，睡眠习惯不好。
- 幼儿活动量不稳定，忽而过大，使体能消耗过大；忽而过小，影响幼儿的消化吸收。
- 家庭饮食和照料孩子时过于精细，如吃得过于讲究和精细、穿得过多、包办代替过度等。

2. 对体弱儿的管理

在班级中总会有那么几个孩子因身体虚弱常常生病，保育员和教师护理不当的话会引起家长的不满，也不利于幼儿的健康成长，所以，保育员对这部分孩子的监护特别重要。幼儿园常用的对体弱儿的管理方法如下：

- 对体弱儿登记建档，要专案管理，逐项填写，建档率要达到百分之百。
- 了解体弱儿的发展情况：通过调查以及与家长的沟通了解儿童在家的健康状况、生活和行为习惯等，分析原因，并做好记录，做好班级体弱儿的个案管理。
- 针对体弱儿的病种和病情，制订合理的矫治方案，注意动静配合、劳逸结合，安排适合体弱儿的身体锻炼活动。
- 仔细观察体弱儿的精神状态、饮食、睡眠、大小便及参加集体活动的情况，特别照顾，全面关心，做好记录。
- 定期与体弱儿家长联系，反映幼儿在园期间的情况，与家长交流幼儿在家的情况。向家长宣传卫生保健知识，争取家长的积极配合。
- 动态观察体弱儿的生长发育情况，重点检测其身高、体重、血色素等重要指标，填写体弱儿管理登记表。
- 加强膳食营养，指导家长科学喂养。
- 做好体弱儿的心理工作，说话态度和蔼，动作轻柔。
- 做好班级内的卫生与消毒工作，按要求清洁、消毒幼儿用品。
- 做好检查、追踪、随访、结案及总结分析工作。

3. 对体弱儿的护理

体弱儿也有个体差异，在体育锻炼中要遵循循序渐进的原则，活动量逐渐增大，活动与休息适当交替。保育员护理体弱儿时要注意以下几点：

- 体育锻炼时，及时帮助他们擦汗及增减衣服。
- 根据季节做好降温、保暖工作，并根据体弱儿的不同情况区别对待，注意活动量和运动强度。
- 进餐时，注意观察体弱儿的食欲，鼓励其吃完自己的一份饭菜。
- 午睡时加强巡视，及时为体弱儿盖被、擦汗，起床时及时为体弱儿穿衣，使其避免因受凉而感冒。
- 积极与家长沟通，指导家庭护理。建议家长合理安排孩子的膳食，注意营养搭配，以使膳食中的营养能够满足孩子的需要；避免孩子养成挑食、偏食的习惯。营养品只是一个辅助治疗的手段。一方面可以在季节变换时、疾病多发期给孩子适当地补充维生素 C；另一方面还要鼓励孩子进行锻炼、多运动，这样也能预防疾病。

（三）对肥胖儿的指导

现在幼儿园里出现越来越多圆圆胖胖、憨态可掬的“小胖墩儿”，这让我们意识到儿童肥胖已经不是可爱的标志了。专家发出警告：肥胖是危害儿童健康的重要杀手！医学研究也证明，肥胖症是一种热能代谢障碍——摄入的热量超过消耗的热量，造成体内脂肪积累过多的病症。

随着人们生活水平的不断提高、育儿方式和膳食结构的改变、营养物质的极大丰富以及独生子女的特殊地位和不科学的喂养方式，儿童肥胖的发生率也在不断增加，对于幼儿园里肥胖儿的专案管理和防治同样是幼儿园保教人员义不容辞的责任。

1. 引发幼儿肥胖的原因

肥胖儿的诊断标准为：体重超出同性别、同身高正常儿童均值20%为单纯性肥胖，超过20%—29%为轻度肥胖，超过30%—49%为中度肥胖，超出50%为重度肥胖。而导致幼儿肥胖的原因除遗传因素和一些疾病外，还有以下几种：

(1) 幼儿进餐过多，喜欢吃高脂肪、含糖高的零食和饮料，而且吃零食无节制，导致营养过剩。

(2) 幼儿的运动量小，运动方式单一。家长因为忙于工作，没时间陪孩子进行户外活动，导致幼儿从小养成看电视、玩电脑，或是长期在室内安静游戏的习惯，致使运动量不足，影响了幼儿的消化。

(3) 家长认为孩子能吃就代表身体好，白白胖胖才可爱，这样的错误观念容易使孩子养成暴饮暴食的不良习惯。

(4) 幼儿饮食习惯差，如严重挑食、喜欢吃荤菜、不吃蔬菜、进餐速度快等。

2. 对肥胖儿的管理

幼儿园对于肥胖儿有一定的管理规范和要求，常见的有以下几点：

- 保健室把各班幼儿的体检信息输入计算机后，根据健康评价，自动生成轻度、中度、重度肥胖儿管理的名单。
- 向家长发放肥胖儿告知书和幼儿基本情况调查表，由家长填写完整后，了解情况认真分析，制订肥胖儿管理计划。
- 每月对肥胖儿进行身高、体重的测量、评价。最初一个月内以体重不增加为目标，然后使体重逐渐降下来，随着身高增长，幼儿肥胖程度减轻，超重得到控制。

- 及时和家长进行沟通，引起家长的重视，取得家长的配合。帮助家长了解幼儿不合理的饮食及运动情况并及时纠正，早期采取有效的措施。
- 及时纠正幼儿偏食、挑食、吃零食的不良习惯。培养幼儿良好的饮食习惯，控制幼儿的进食量、进餐速度。让肥胖儿多吃水果蔬菜，少吃高热量食物，用餐前让他们适当先喝点儿汤，然后进餐，以减轻饥饿感。
- 鼓励幼儿适当运动。户外活动时各班教师要及时提醒不爱活动的肥胖儿动起来，有目的有步骤地适当增加这些幼儿的运动量。循序渐进，逐步提高运动强度和延长运动时间，由最初每周不少于 3 ～ 4 次，每次 10 ～ 30 分钟，增加至每日 2 次，每次 10 ～ 30 分钟。初次运动应低强度、持续时间短，逐渐增加强度和时间，最终达到增强体质、减轻体重的目的。保育员要掌握安全的运动量，儿童适宜的最大运动强度通常为心率每分钟 130 ～ 160 次，以皮肤潮湿出汗为限。
- 鼓励幼儿克服自卑心理。
- 肥胖儿身高、体重恢复到正常标准后继续一段时间，然后结案转入正常儿童管理。

3. 家园共育的措施

幼儿园采取措施对肥胖儿进行管理的同时，还需要做好家长方面的工作，只有家园共育落实到位，才能更好地控制肥胖儿的体重。保育员也要注意多和家长沟通，及时指导家长。

- 在家控制高脂肪及高糖食品的摄入，使热能的摄入量低于实际消耗量，但要满足儿童生长发育的需要。

- 减少摄入过多的主食，从少量开始，代之以体积大而热能低的食物（茭白、竹笋、萝卜、莴苣等）、甜度低的水果和脂肪含量低的瘦肉。满足幼儿生长发育的动植物蛋白以及豆类蛋白质食品要占一定比例。
- 节假日期间培养孩子定时、定量饮食的习惯，不过量饮食。
- 改变幼儿睡前进食、乱吃零食、乱喝饮料的习惯，可以让幼儿少食多餐。
- 增加家庭活动，鼓励户外运动，限制幼儿看电视、玩计算机的时间。
- 家长可根据幼儿的体质和爱好及居住环境、条件、气候等，在晚上安排 30 ～ 60 分钟的锻炼时间。
- 由于肥胖儿童体质弱，稍一活动就会感到心慌气短，这时不要急躁，要循序渐进，关键在于持之以恒。

（四）对多动儿的指导

活泼好动是幼儿的天性，但过分的好动会影响幼儿正常的发育，导致这些幼儿普遍存在心理、情绪、行为方面的问题。保育员在活动中如果发现幼儿有以下行为表现，就可以断定幼儿有"多动"的倾向。

- 注意力集中困难：表现为注意力不集中，且注意的时间短，东张西望，很容易被一些声响吸引；不能专注于一件事，易从一个活动转向另一个活动。
- 活动过度：表现为上课的时候坐不住，在座位上来回移动，干扰同伴；活动无序，缺乏组织性和目的性；明显表现出不能控制自己活动的倾向。

- 冲动任性：表现为行为比较冲动，有的幼儿好打斗、执拗，霸道；有的幼儿情绪不稳、易哭易笑等。

引起幼儿多动的原因有很多，遗传因素、大脑的轻微损伤、部分微量元素缺乏或过量、后天的教育及成长环境等因素，都与幼儿的多动反应有一定的关系。幼儿的多动行为如果得不到有效地控制，就会影响幼儿的心理发育，造成感知缺陷、注意力障碍、记忆困难等，进一步发展会影响幼儿的思维和想象能力，并造成情感和心理问题。如果婴幼儿时期的多动行为没有得到及时地纠正，那么到了学龄期则可能表现为学习困难或发展为“问题儿童”。

1. 幼儿多动的危害

幼儿的多动不仅会给自己的生活、学习带来不利影响，还严重影响周围同伴的生活秩序，因此保育员对幼儿多动的危害应该有所了解，并能及时、正确地与家长沟通，对其进行指导。幼儿多动带来的危害有如下几个方面：

(1) 严重影响幼儿以后的学习。多动的幼儿注意力难以集中，做事情往往半途而废，即使做游戏也不例外。环境中的无关刺激非常容易分散他们的注意力。进入小学后，多动的孩子表现更为明显，他们经常在教室里东张西望，心不在焉，集中注意听讲的时间比较短，直接影响到他们的学习效果。

(2) 影响幼儿的人际关系。多动幼儿时常因扰乱活动而遭到老师批评，因干扰其他小伙伴的正常活动而遭到排斥，因此而影响人际关系。

(3) 危害幼儿的自尊心、自信心。多动幼儿因为影响别人的学习、过分调皮可能遭到家长的打骂、小伙伴的歧视，从而导致其自尊心受到伤害，自信心下降。

(4) 多动幼儿成年后可能危害社会公共秩序。多动幼儿由于学习能力差、人际交流差而遭到教师的批评、同伴的疏远、家长的斥责，容易造成心理缺陷。如果没有得到及时、适当的治疗，久而久之会伴发对立违抗、学习障碍、情绪障碍等，一旦进入成年期，则易出现物质依赖、反社会人格和违法犯罪行为。

2. 对多动儿的指导

(1) 给予多动儿更多的关爱与包容。保育员要正确认识幼儿的多动行为，了解多动是由一定原因导致的，并非幼儿自身故意所为，更不是有意对抗，切不可对多动幼儿表现出厌恶或歧视，以免伤害他们的自尊心；也不能经常说他们好动、注意力不集中，以免对他们的行为造成负强化，加剧其多动行为。对于不断制造麻烦的多动幼儿，保育员要怀有一颗爱心，对他们关心和呵护，给予他们宽容和理解，少一些批评指责，多一些关注鼓励。

(2) 对多动儿的行为矫正。对多动儿的行为矫正重点在于培养和发展多动儿的自制力、注意力。首先，可以采用认知活动改善其注意力；其次，可以通过训练，减少儿童的过多活动和不良行为。

①逐步培养其自制力。幼儿年龄小，自控能力差，多动的幼儿更是如此。因此在活动前，保育员要提出明确的要求，讲清道理。在活动中，多动儿往往无法控制自己的行为，保育员可以有意识地以语言、表情、动作给予暗示，提醒多动儿克制自己的行为。要提高孩子的认识，让他知道什么事该做、什么事不该做，帮助孩子逐步学会正确判断和评价自己的行为；要制定一些简单的规章制度作为孩子的行为准则，以便其约束自己的行为，养成良好的行为习惯。

另外，在一日生活活动中，要利用各种机会培养多动儿的自制力。保育员和教师可有意识地让他当“小班长”，利用角色约束他；多让他担任“值日生”，为集体做事，通过履行角色来锻炼多动儿的自制力。

②有意培养其注意力。多动儿上课注意力不集中，还经常影响其他小朋友的正常活动，因此保育员配班时可以站在多动儿的旁边，不时用手势、眼神、动作或轻声提示提醒幼儿参与活动；在一日活动中，以拼图、系鞋带等活动来督促其集中精力完成任务，逐步培养其耐心、专注的习惯。

③做好家园沟通，实现幼儿园和家庭的同步教育。保育员要指导家长合理安排孩子的生活，注意生活规律；在家鼓励孩子自己的事情自己做，培养其自理能力，并且做到持之以恒；必要时，保育员可建议家长掌握一些专门的感觉统合训练的方法，训练多动儿的触觉、视觉、听觉、运动技巧等方面综合协调的活动能力。近年来有人研究发现，限制西红柿、苹果、橘子、人工调味品等含甲醛、水杨酸类食品的摄入，对减轻儿童多动症有明显效果。

如果幼儿的多动行为比较严重，保育员应及时建议家长带领幼儿寻求儿科医生的帮助，根据情况对幼儿采用心理治疗、感觉统合训练或者补充微量元素甚至药物治疗等措施。

3. 典型问题分析与建议

【典型问题1】多动儿注意力难以集中。

【分析与建议】多动儿上课时注意力不集中，且注意的时间短，爱东张西望，很容易被一些声响给吸引住。保育员在集体活动前需要对多动幼儿提出明确的要求。多动儿常不能耐心地倾听他人讲话，保育员和多动儿谈话时可以用手抚摩其头或肩膀，或拉着他的手，注视他与他交谈。事实证明，身体接触、言语督促对培养多动儿的注意力很有效。

集体活动中，保育员在辅助教师进行教学之余，应尽可能离多动幼儿近一点，以便随时提醒、督促；此外，保育员应该和主班教师沟通配合，及时对多动儿的进步给予奖励。

自由活动中，保育员可以有针对性地引导多动儿做有助于发展有意注意的游戏，如穿珠子、捡豆子、分豆子（红豆与黄豆都混在一起让幼儿挑出来）、手指游戏、在多动儿背上写字让他猜等。

【典型问题2】多动儿活动过度。

轩轩上课的时候坐不住，在座位上扭来扭去，一会儿跑到卧室，一会儿跑到厕所，一会儿又爬到桌子底下。怕他来回跑动影响其他孩子上课，当班教师就让保育员坐在轩轩旁边。轩轩要离开座位，被保育员制止了；轩轩随即开始不停地晃动板凳，喉咙里还不时地发出声音……

【分析与建议】多动儿本身特别好动，精力用不完，所以不适宜采取限制其活动的方法进行矫正，因为限制其动作反而会引起多动。要多让他活动，以动制动，给他多安排一些体能训练，如跑步、踢球、跳绳等，使他旺盛的精力有地方发泄，动够了必然就安静了。

【典型问题3】多动儿任性、冲动。

波波与同伴相处时经常发生冲突，表现出攻击性强、冲动、任性的个性特点。一次户外活动的内容是传球接力，波波站在东东后面，球刚传到东东手上，波波便伸手去夺，东东不给，波波于是一拳把球打飞了。保育员上前制止，波波尖叫道："我让我爸爸用菜刀杀死你！”随即，他大哭不止……

【分析与建议】多动儿行动多先于思维，即不经考虑就行动，在集体游戏时，他们难以等待。同时过于旺盛的精力不能及时发泄，不断积累，导致幼儿在情绪冲动时用破坏性的行为发泄。

对此，保育员可采取“冷处理”的方法——不予理睬或采用限时隔离方法，让他冷静并思考自己的行为是否恰当。当幼儿安静后，要及时和蔼地讲清成人这样做的理由。

保育员应给予幼儿宣泄的机会，如大声宣泄法（当自己觉得很烦闷愤怒而无法控制自己的时候，到空旷的地方，大声叫喊）、体育锻炼法等，这样既可以使烦闷愤怒的情绪得到发泄，又不会造成不良后果。

需要注意的是，对于多动儿的攻击、冲动行为，保育员不能姑息纵容，一定要坚决制止并严厉批评，以免多动儿更加冲动、任性。

（五）对胆怯儿的指导

胆怯是一种很常见的心理反应，是一种缺乏自信的表现。胆怯儿在独生子女中具有一定的代表性，比如，幼儿在家中活泼淘气，但出门就变得胆小怕事、退缩怕生、爱哭等。

1. 幼儿胆怯的形成原因

造成胆怯的原因有很多，大致包括以下几点：

(1) 遗传因素。每个幼儿的遗传因素不同，他们的心理特征也不尽相同，甚至存在巨大差异，尤其表现在气质特征上。遗传的气质类型为抑郁质、粘液质的幼儿往往比胆汁质、多血质的幼儿胆小内向一些。父母活泼外向的，孩子也往往如此；父母胆小内向，孩子也很难大胆外向。

(2) 家庭教育环境因素。一是过度保护，这是导致孩子胆怯的主要原因。如今大多数孩子都是独生子女，全家人对其呵护备至，无论在生活细节中还是学习过程中，一些本该让孩子自己解决的问题家长都代劳了。由于关心和保护过度，孩子缺少锻炼自己独立处理问题的机会，也不能感受到由于自己完成了一些任务而获得的自信。这些被过度保护的孩子把家长当作“护身符”，一遇到困难首先想到的不是如何克服、战胜，而是拿家长做“挡箭牌”。

二是过度严厉。有的家长教育观念陈旧，不懂得尊重孩子、满足孩子的合理需要，轻则大声呵斥，重则大打出手，对孩子过于严厉、粗暴；还有的家长经常恐吓孩子。比如，当孩子晚上不肯睡觉时，就吓唬说会被“鬼”领走；不让孩子出去时，就说：“你再跑，让收破烂的把你收走”等。孩子长期处于恐惧、暴力、压抑的气氛中，缺少家长的关爱、赞扬和肯定，久而久之会变得心情抑郁，最后产生胆怯心理。

三是期望过高。有的家长对孩子要求过高，常常把自己孩子的弱点跟其他孩子的优点相比，比较的结果是让孩子觉得自己永远不如别人，进而产生自卑感，缺乏自信或封闭自己，最终导致胆怯心理。

(3) 保教人员消极评价的因素。幼儿的发展水平有着个体差异，这些差异特别是智力上的差异在幼儿园中很明显，而一些保教人员对幼儿的低评价就造成儿童的自我低评价，导致幼儿害怕在众人面前表现自己，进而产生胆怯心理。

2. 胆怯对幼儿的不良影响

幼儿胆怯源于不自信，不自信便不敢承受压力，只能退缩逃避，这种心态对幼儿的生活和学习具有不良影响。

首先，影响幼儿的人际交往。胆小的幼儿常常由于紧张、害怕而不敢坦然面对不熟悉的人，对师长也采取回避态度，因此常常被别人误认为冷漠、没有礼貌。这样的幼儿往往不被人喜欢，甚至遭到歧视和冷落。

其次，因为胆小，幼儿在集体面前失去了许多展现自己、锻炼自己的机会，从而影响了自己的顺利发展。

3. 对胆怯儿的指导

胆怯儿的胆小退缩行为往往在很大程度上影响了他们在幼儿园的生活与活动，因此保育员必须对胆怯幼儿进行指导和帮助，引导这些幼儿最大限度地参与活动、表现自己。

(1) 帮助幼儿树立自信心。造成幼儿胆怯心理的最根本原因是缺乏自信，所以要让幼儿克服胆怯心理，必须先帮助他们树立自信心。

首先，要多鼓励幼儿。保育员对幼儿的评价要以积极肯定为主，要善于发现胆怯幼儿的闪光点，如在园吃饭吃得很干净、玩完玩具会自己收拾、画画得特别好等。保育员要抓住每一个优点，恰如其分地让幼儿相信自己是有能力的。保育员的行为态度能让他们感受到亲切、愉快，保育员把鼓励和表扬常挂嘴边有利于提高幼儿的自信心，使他们逐步克服自卑、胆怯的心理。

其次，保育员要给胆怯的幼儿提供锻炼和表现的机会，要放手让幼儿独立地完成一些简单的任务。幼儿的自信必须通过主动、充分的活动才能发展起来，没有实践活动，只有口头指导，无异于纸上谈兵。保育员可以让幼儿分发碗筷、收拾玩具、取放物品、当“值日生”等，多给他们表现自己、锻炼自己的机会。

(2) 培养幼儿的社会交往能力。现在的孩子大都是独生子女，缺乏与他人交往的主动性和能力。保育员应该多鼓励孩子和同伴交往。对于那些胆怯的幼儿，应该鼓励同伴接纳他们，关心和爱护他们，同时适当地教给他们正确的交往技能。当幼儿感到自己能友好地与同伴相处、受人喜爱时，就不会再害怕与他人交往了。

(3) 家园联系，同心协力教育幼儿。家长要和幼儿园紧密联系，相互配合，协调一致。保育员要及时了解幼儿家庭教育的情况，改变家长不正确的教养态度，教给家长正确的教育方法。比如，要求家长放手让孩子做一些力所能及的事，不能包办代替；对孩子提的要求要结合孩子的实际水平，不能操之过急或期望过高等。家园应紧密配合，共同努力，共同帮助幼儿克服胆怯心理。

4. 典型问题分析与建议

【典型问题1】幼儿从不主动与人交往。

冰冰胆小、孤僻、懦弱，很少主动与人交往，总是一个人怯生生地看着周围的一切。不管是做什么，她总是自觉地退到最后。对于保育员的主动接近，她总是显得很紧张。

【分析与建议】幼儿胆怯的不良心理行为是随着年龄的增长，在环境和教育的影响下逐渐发展而来的。因此，不能指望这类幼儿一朝一夕就能改变，一定要遵照循序渐进的原则，耐心引导。

(1) 保育员要耐心对待幼儿，顺其自然，切勿操之过急。

(2) 不要当众指责、羞辱幼儿，也不要当着其他幼儿的面说幼儿“胆小”、“不勇敢”。

(3) 用幼儿喜爱的故事树立正面的榜样，给孩子积极的心理暗示。还要特别注重父亲对男孩性格的影响，让父亲多和孩子说笑玩耍，让父亲的形象和行为清晰地保留在孩子的心中。

(4) 鼓励胆怯幼儿与他人进行交往。可以安排几个友善、耐心、开朗的幼儿主动带胆怯幼儿一起玩游戏。当胆怯儿主动结识小朋友时，要表扬他、夸奖他，让他感到这是一件快乐的事。

【典型问题2】幼儿一味退缩，不敢争取合理权益。

吃饭时，有个小朋友把不爱吃的菜放在了美美的碗里，旁边的明明小朋友看不惯，立即告诉了老师，但那个小朋友硬说不是他放的，双方争执不下。后来老师就问美美到底是谁放的，结果美美看了看两个小朋友，低下了头，怎么也不肯说，后来还哭了起来，老师拿她没办法，只能先稳定她的情绪。中午吃过午饭后，美美兴致勃勃地看起书来。过了一会儿，"调皮鬼"浩浩也吃完了午饭，他二话不说就把美美的书抢了过去，美美心里着急，抢又抢不过他，急得都快哭出来了，但她只是眼泪汪汪地看了老师一眼，看老师没反应，她就自己再去找另一本书看了。

【分析与建议】针对幼儿的这种行为，保育员可以采取以下措施：

(1) 应与胆怯儿多交流，并用一些辅助性的举动，如拍拍他的小手、摸摸他的头等，拉近与幼儿的距离，使幼儿敢于向老师提出帮助的请求。

(2) 要善于观察，当发现胆怯幼儿遇到困难时，要及时地给予帮助，鼓励他去战胜困难。

(3) 给幼儿提供表现的机会，帮助幼儿建立自信。保育员可以请胆怯幼儿做他能胜任的事情，并及时在全班幼儿面前进行表扬，让他逐渐自信起来。

(4) 对于霸占、争抢他人物品、玩具的行为进行教育批评，提高幼儿对分享、谦让行为的认知，同时为胆怯儿争取合理权益的行为提供支持。

三、家长工作

《幼儿园工作规程》规定："幼儿园应主动与幼儿家庭配合，帮助家长创设良好的家庭教育环境，向家长宣传科学保育、教育幼儿的知识，共同担负教育幼儿的任务"；"幼儿园可采取多种形式，指导家长正确了解幼儿园保育和教育的内容、方法，定期召开家长会议，并接待家长的来访和咨询"。从中不难看出，家园共育的内容包括了教育和保育两大方面的内容。

保育员对于幼儿的生活情况及各类活动中的表现是非常了解的，有责任和义务主动与家长沟通幼儿各方面的表现，帮助家长了解幼儿的情况，使之与幼儿园配合，共同培养幼儿。

（一）参与家园共育

保育员可以通过以下两个方面参与家园共育：

1. 根据本班孩子的情况制订家园共育内容

保育员与教师应该在学期初根据本班幼儿的年龄特点共同制订家园共育内容，如小班如何培养幼儿的自理能力、中班如何培养幼儿良好的进餐习惯、大班如何培养幼儿整理自己物品的能力等，然后有目的有计划地实施，并根据本班幼儿的情况不断调整。

2. 主动向家长宣传正确的育儿知识

保育员要利用各种机会主动向家长宣传正确的育儿知识，比如，在着重进行自理能力培养的时期多与溺爱孩子的家长沟通，给家长分析培养幼儿自理能力的重要性，了解怎样做才是正确的，使家庭与幼儿园要求同步，共同促进幼儿能力的提高。

- 利用家长会向家长分析幼儿在园生活的情况，并针对幼儿的情况向家长提出合理化建议。比如，请午睡习惯不好的幼儿的家长在家运用正确方法帮助孩子养成良好的午睡习惯等。

- 利用开放日，与教师配合，向家长传授正确的育儿方法及要求。比如，生活环节中对孩子的正确要求、孩子之间发生矛盾时的处理方法等。
- 通过家长园地向家长介绍先进的保健知识。
- 利用幼儿入园、离园时间与情况比较特殊的幼儿家长个别交流，着重就幼儿出现的问题进行分析，并向家长提出明确的解决方法。比如，与特别爱生病的幼儿、攻击性强的幼儿、吞咽能力特别差的幼儿的家长交流，运用自己的经验和知识引导家长帮助幼儿改善现有状况。

（二）关注家园沟通

幼儿园保育员每天的工作除了做好卫生消毒、生活保健外，还要协助教师做好配班和家长工作，这样才能真正实现教中有保，保中有教。在我们的实际工作中不难发现，目前保育员在与家长沟通过程中还存在着一些误区，一是忽视沟通，有的保育员只顾认真做好本职工作，没有意识到与家长沟通的重要性；二是不够自信，认为自己的学历水平不高、专业能力不强，怕说错话，不敢与家长沟通；三是过度自信，认为自己有丰富的育儿经验，而不注意尊重和吸取家长的意见和建议，容易与家长发生争执。

幼儿园应针对园所的情况开展一些理论联系实际的交流学习，让保育员认识到和家长的沟通交流需要经历一个循序渐进的过程，需要用真诚和微笑感动家长，需要用耐心和细心服务家长，需要用自己全身心的投入来换取家长的信任和支持。那么，保育员在与家长沟通的过程中应把握哪些方法和技巧呢？

1. 反映问题讲艺术

(1) 先说进步，后提要求。比如，幼儿小便时不会主动提出，导致总尿湿裤子。保育员在向家长反映问题时，应先说孩子在其他方面的进步表现，然后再提出应在鼓励孩子大胆表达意愿方面多加关注，不然总尿湿裤子会影响到孩子的情绪和身体健康，并且表示老师也会及时提醒，帮助孩子尽快拥有这种自理的能力。这样表达，家长一定会感到老师对孩子的细心关注，也会好好配合老师的工作。

(2) 准备在前，表达在后。保育员在和家长反映问题前一定要有所准备，对孩子近一段时间的情况，特别是生活活动方面的情况要有充分的了解，让家长感到老师对孩子很重视，然后再逐步过渡到想向家长反映的问题上去，这样也更有说服力。

2. 解决问题抓要害

对于家长提出的一些不切合实际的要求或者是不理性的要求，保育员也不要过于迁就和服从，应当提供一些合理的建议和解决措施。保育员要真诚地与家长分析事情的原因，向家长解释自己的做法。比如，幼儿同伴之间发生矛盾纠纷，家长极为不满，保育员应引导家长认识到同伴之间的矛盾应该由孩子自己尝试解决，这样才能让孩子学会解决问题的办法，而不是事事都依靠成人。对于祖辈家长责怪老师不帮孩子扣扣子、系鞋带，不喂孩子吃饭的问题，保育员应和老人心平气和地沟通：要培养孩子一定的生活自理能力，不能事事依赖成人；孩子不愿来园是因为家里有爷爷奶奶喂饭，而幼儿园里老师要求他自己吃饭……家长理解了老师的良苦用心，也就能配合着对孩子进行教育了。

3. 沟通问题投喜好

不同的家长对孩子在园的生活关注的角度不同。有的家长关注孩子在幼儿园是不是吃饱了、睡好了，有的家长关心的是孩子在幼儿园与人交往的能力，有的家长关注孩子参与活动的积极性怎样，还有的家长关心的是孩子的情绪好不好，等等。保育员在和家长沟通之前，对不同家长的关注点也应有充分的了解，这样面对不同的家长，就可以投其所好与其交流。

4. 安全问题求主动

最让老师无奈和头疼的无疑是孩子在园的安全问题，孩子在幼儿园磕磕碰碰在所难免，可有的家长却很难理解，不依不饶。保育员面对这样的问题会更加紧张。对于家长的责问，有的保育员和言悦色，三言两语冷静处理，家长很快也就接受了；而有的保育员不够冷静，意与家长评理，结果双方越说越激动，闹得不可开交。那么，怎样才能更妥善地处理这种情况呢？首先是发生此类事情，保育员一定要及时主动告知家长，争取家长的理解和配合，不要等到家长来接孩子时发现情况提出质问，这样处理起来就被动了。其次，平时也要利用家长接送孩子的时间，主动与家长交流孩子的情况，了解家长的教育需求，以便拉近家园间的距离，让家长与幼儿园在育儿问题上达成共识，并形成良好的家园协作关系。这样，一旦幼儿在幼儿园出一些小问题，家长也容易理解老师的不易。有的保育员平时对家长视而不见，需要与家长交流了才主动出击，这样，家长往往会不领情，令保育员难堪，达不到好的沟通效果。

（三）典型问题分析与建议

【典型问题1】被家长冤枉。

午睡前月月没有任何异常，起床后她的脸上、耳后却有类似被抓伤的痕迹，值班保育员反复观察也没发现睡床有任何东西会伤害到孩子，周围也没有其他小朋友。保育员及时通知了家长，家长来园看了孩子的情况很是恼怒，一口咬定孩子是被人抓伤的，是值班的保育员失职所致。在协商未果的情况下，保育员建议尽快带孩子到医院观察治疗。不料随后孩子又发烧了，家长的怒气更是有增无减。最后通过医院专业诊断，孩子患上了一种病毒性皮肤病，轻轻一挠就会出现像抓伤一样的痕迹。家长得知后向保育员道了歉。

【分析与建议】出现这样的问题，在事情的缘由不清楚的情况下，当班保育员的紧张心情不亚于家长。面对家长的指责，保育员就算有千张嘴也说不清。但是作为幼儿园教育工作者，保育员还是应该理解家长的愤怒情绪，把自己的委屈暂时放一放，尽量用简洁平静的语言去安抚家长。换个角度想，假如自己是孩子的父母，看到孩子这样也一定非常难过，这样想就会理解家长此刻的心情，从而更加耐心细致地为家长做出合理的解释。万万不可得理不饶人，让事态更加难以处理。保育员不妨等家长情绪平缓之后，再心平气和地把事情的经过告知对方，对自己所要承担的责任不推脱、不狡辩，争取家长的理解。只要保育员时时处处为家长着想，真诚地与家长沟通，定会得到家长的理解。

【典型案例2】被家长告状。

保育员王老师刚下班就接到园长的电话，园长说她们班有位家长言语非常激烈地说自己的孩子回家说不想再上幼儿园了，因为总有小朋友欺负他，孩子感觉很难过。

【分析与建议】保育员首先要做的就是及时处理，表现出对这件事情十分关注，先使家长心情平静下来；然后对家长反映的情况进行深入细致的了解，让孩子自己说说发生的事情，告诉孩子他是老师和小朋友都很喜欢的好孩子，并鼓励孩子坚持上幼儿园："不上幼儿园老师会很想念你的。"在之后的一日活动中，保育员要注意观察孩子与同伴交往的情况，利用入园和离园时间与家长主动沟通，再适时地提出孩子交往能力发展方面存在的问题引起家长的思考，婉转地提出建议。这样的处理方式会让家长感受到老师的真诚并醒悟到自己在教育孩子方面存在的误区。

【典型案例3】家长包办代替。

早餐时间，大一班雯雯的奶奶又和往常一样送雯雯来到教室，只见她一进教室就赶紧拿了一把小椅子放到雯雯的座位前，再到分餐台上给雯雯端了一碗稀饭和一个包子，然后蹲在雯雯的身边用勺子不断地搅着……保育员王老师见状不禁在奶奶的背后狠狠地瞪了一眼，直摇头。

【分析与建议】在这件事中，保育员的做法欠妥。雯雯奶奶长期为雯雯包办代替，保育员任其发展是不应该的，正确的做法应该是：①上前委婉地提醒奶奶或直接让雯雯制止奶奶；②与奶奶沟通，将雯雯能干的表现告知奶奶，请奶奶相信孩子；③跟奶奶分析长期为孩子包办的弊端，用真实的事例说服奶奶，使奶奶改变自己的行为；④与雯雯的父母沟通，请雯雯的父母与奶奶交流，做到家园教育一致。

【典型案例4】忽视家长的交流需求。

家长会结束了，孩子们与家长陆续离开了教室，最后还有几位孩子的家长逗留在教室内想与老师多沟通一下孩子在园的情况。班主任陈老师和配班教师张老师分别与两位家长交流着，还有两位家长带着孩子在教室内转来转去，等待着。保育员李老师忙着收拾刚被弄乱的柜子和被踩脏的地面，一会儿用抹布擦，一会儿用拖把拖。

【分析与建议】上述情况下保育员的做法是不对的，在她看来，与家长的沟通是教师的事，与自己无关，自己的本职工作就是做好本班的清洁卫生工作。这种做法违背了《幼儿园工作规程》的精神。正确的做法应该是：①主动上前与两位等待的家长交流，详细介绍孩子在园的生活情况，也可将自己了解的孩子在教学活动中的表现告知家长；②主动询问家长想了解的内容，有针对性地与家长交流，并依据自己所掌握的专业知识与之沟通。事实上，在整个家长会上，保育员都应该积极地站在教育者的角度参与到每个环节的活动中。比如，在家长会上分析幼儿的生活情况，提出教育建议，要求孩子在如厕、喝水等环节保持良好常规，对家长提出明确的要求等。

四、幼儿园常见意外伤害处理

幼儿安全工作是幼儿园工作的重中之重。幼儿在幼儿园里生活、学习和游戏，他们活泼好动，对任何事物都充满好奇心，但由于身体协调性差，缺乏自我保护意识，常常因不能预见自己的行为会产生什么样的后果而导致擦伤、磕碰、骨折、喉咙呛入异物等常见意外伤害事故发生。为了预防意外伤害的发生，保育员需要悉心照料幼儿和掌握正确的急救处理技能，将伤害降到最低限度。

（一）幼儿园常见意外伤害及预防

儿童意外伤害又称儿童意外事故，可以定义为由意想不到的原因所造成的损伤或死亡，如溺水、窒息、跌落伤、烧烫伤、切割伤等。人类发展研究所召集学术会议，对意外伤害进行了标准化定义，即是一种突然发生的事件，是人类生活中对生命安全和健康有严重威胁的一种危险因素。

1. 幼儿园常见意外伤害的分类

- 意外跌伤：磕碰、挫伤、摔伤、擦伤、扭伤、骨折等。
- 突发人为伤害：抓伤、咬伤、割伤等。
- 特殊意外伤害：烫伤、触电、外耳道异物、气管异物、鼻出血、蚊虫咬伤等。
- 突发疾病：高热惊厥、中暑、癫痫等。
- 重大意外事件：食物中毒等。

2. 幼儿园常见意外伤害发生的原因

(1) 幼儿的原因。

①幼儿运动机能不完善。自幼儿学会独自走路时起，意外伤害事故便相伴而生。缓慢的反应速度、较差的平衡能力、较小的注意范围，常使幼儿在活动中因跌跌撞撞而摔伤身体。

②幼儿对危险因素缺乏认识。幼儿认识水平较低，缺乏对外界事物的理解和判断能力，更不会推理事物之间的因果关系，因此，他们经常由于无知的行为引来意外伤害事故。比如，幼儿午睡时嘴里含着小圆珠玩；玩玩具时随意挥舞，完全不在意是否会

伤害到其他小朋友等。

③幼儿好奇、好动、活泼、易冲动。幼儿具有强烈的好奇心，活泼好动，有时还会情绪激动和冲动，这些都有可能使他们忽略了周围的环境，丧失理智和判断能力，从而发生各种事故。比如，幼儿想看看窗外的情景，于是都挤着站在小凳子上，结果不慎摔倒；与他人争抢同一本书时，伸出手来推或打他人等。

(2) 教师、保育员的原因。

①无责任心。有的保育员和教师责任心较差，在工作时间擅自离岗或心不在焉，导致幼儿无人照看，致使意外伤害发生。

某天的户外活动时间，小朋友们都在高高兴兴地玩着最喜欢的滑滑梯。这时，教师的电话响了，于是她就站到一旁边接听电话边照看小朋友。明明平时就比较调皮，此时正在跟其他小朋友抢滑滑梯玩，一不小心就把一个小朋友推倒在地，导致这个小朋友的下嘴唇被磕伤。教师见状立马放下电话，带着受伤的小朋友到保健室进行处理。

②没有为幼儿提供一个安全舒适的环境。比如，盥洗室地面未保持干燥，造成幼儿滑倒摔伤或磕伤；未及时发现玩具损坏，造成幼儿被划伤或挫伤等。

(3) 幼儿园的原因。一些幼儿园在设施方面不够完善，没有从幼儿安全的角度出发设计，存在安全隐患。幼儿园提供给幼儿学习、玩耍的场地及设备需定期检查，降低意外伤害的发生率。

一天，做完课间操后，教师和保育员正组织孩子们排队回教室。这时，突然听到有小朋友在叫："老师，浩浩摔倒了"、"老师，浩浩流血了"。听到声音后，保育员立马跑过去，扶起摔倒在地的浩浩，按住流血的伤口，送他到幼儿园保健室简单处理后立即转至医院治疗。事后经询问，大家找到了事故发生的原因。原来前段时间因为幼儿园管道渗水，修理人员就把地面挖开了进行修理。但是后来没有及时将路面修理平整，只是在上面铺了一层地毯。而不巧，浩浩正好站在了不平整的地面上，导致走路时摔倒。

3. 幼儿园常见意外伤害的预防

(1) 早上入园时，保育员需检查幼儿身体有无损伤，是否携带有碍安全的危险物品，如尖锐利器、玻璃球、玩具枪、玩具剑等。若发现幼儿上衣、裤子或鞋子上的纽扣、拉链及装饰物掉落，应及时为幼儿缝补好，以免幼儿将掉落物放入口中或耳鼻中造成伤害。

(2) 幼儿饮水时，保育员应组织幼儿排队，有序饮水，避免幼儿之间发生碰撞；饮水装置应放在幼儿够不着的安全地带，水温不宜过高，以免烫伤幼儿。

(3) 幼儿如厕时，保育员的视线不得离开幼儿，要特别关注年龄较小、平衡能力较差、动手能力较弱的幼儿，帮助他们及时、安全如厕。盥洗室地面应保持干燥，不留积水；定期检查墙面、地面瓷砖有无破损，有无尖角，避免幼儿磕伤；妥善保管卫生洗涤消毒用品，设置专用放置地点，避免幼儿误服事件的发生。

(4) 就餐前，保育员必须严格按照清水—“84”消毒液—清水的步骤对桌面擦拭消毒；饭菜粥汤的温度要适中，为幼儿分发饭菜时注意不要盛得太满，为幼儿添饭菜时不能从幼儿头上传递饭菜，避免造成烫伤。就餐时，应保持室内安静，禁止幼儿边吃边讲边玩，要帮助幼儿养成细嚼慢咽的好习惯，防止食物卡在喉咙。

(5) 午睡前，保育员应检查床板是否平整、有无凸起，检查幼儿口腔内是否有食物残渣，检查幼儿是否带有玩具或其他物品，如果有，应及时代为保管。

(6) 户外活动时，保育员应积极配合教师组织幼儿有序地进行活动。活动前，要检查活动场地有无砖头瓦块、树枝绳索等妨碍幼儿活动的障碍物；检查幼儿活动器械有无损坏，能否供幼儿安全使用；检查幼儿的鞋帽、衣着穿戴是否整齐，避免因鞋带散开发生绊倒、磕伤。

(7) 离园前，保育员必须对室内设施进行安全检查，包括电源开关或插座有无损坏，玻璃窗、镜有无破损裂缝，地面、墙面有无破洞，桌椅床铺是否完好等，排除一切安全隐患。

(二) 幼儿园常见意外伤害急救处理

急救，是指在短时间内对威胁生命安全的意外伤害和各种急症所采取的一些紧急措施。一项最新的医疗调查结果显示，意外伤害事件已经成为中国儿童的第一“杀手”。其实，很多意外是完全可以防范的，而出现意外之后的急救处理尤为重要。很多教师和保育员受知识和经验所限，在幼儿发生意外伤害时，不知该怎样处理或做了错误的处理，从而耽误了治疗的最佳时机。

1. 跌倒擦伤的处理

幼儿跌倒擦伤在幼儿园里最为常见，尤其是在穿衣较少的夏季。保育员应先观察幼儿伤口的深浅，若伤口较浅，仅仅擦破了表皮，只需将伤口处的泥沙清理干净即可；如果伤口较深有出血，应用清水或生理盐水清洁伤口，并用碘伏消毒伤口，无须包扎；如果伤势较严重，则经简单清洗消毒处理后，应立即将幼儿送往医院治疗。

2. 划伤及切伤的处理

幼儿在使用剪刀、小刀等文具或翻看图书时，都有可能划破手指。当此类情况发生时，保育员应当立即用干净的纱布按压伤口止血，止血后用碘伏或酒精由里向外对伤口进行消毒，然后敷上消毒纱布，用绷带包扎。如果是被玻璃器皿扎伤，应先用清水清理伤口，再用镊子清除玻璃碎片，然后再消毒包扎。

3. 扎刺伤的处理

保育员应首先将伤口用清水清洗干净，用棉签拭干水分，用酒精消毒，然后用经灭菌过的针及镊子将异物取出，最后用酒精或碘伏消毒后包扎伤口。异物留在体内易化脓感染，对于伤口小、出血少者，宜在伤口挤压出一些血液。对于大量出血的患者，宜首先采取止血方法。伤口宜用清洁的水洗净，无法彻底清洁的伤口，则用清洁的纱布覆盖其表面，不可直接用棉花、卫生纸覆盖。如果扎的是仙人掌或玫瑰之类的植物软刺，可先用伤湿止痛膏贴在有刺部位，然后将该部位稍微加热，再快速将药膏揭去，这样，刺就被带出来了；如果扎的是铁刺，可先将有刺的皮肤表面用针挑出一条细缝，然后将磁铁放在“细缝”上，刺即被吸出；如果扎的是木刺或竹刺，可先在有刺部位滴上一滴风油精，然后用消过毒的针将刺轻轻挑出，既不痛又不出血，而且还不会发炎化脓。

4. 挤伤的处理

幼儿的手指若被门、抽屉、桌椅挤伤，会给幼儿带来痛苦，严重时，会造成指甲脱落。具体的急救处理办法是：若无破损，可用水冲洗，进行冷敷，以减轻痛苦；疼痛难忍时，可将受伤的手指高举过心脏，缓解痛苦。若有出血，应消毒、包扎、冷敷。若幼儿指甲掀开或脱落，应立即送至医院治疗。

5. 扭伤的处理

幼儿扭伤后，应立即停止活动，坐下或平躺休息，应将扭伤部位的衣服或鞋带松开，24小时内用凉毛巾或冰袋冷敷伤处15 ~ 30分钟，冷敷3 ~ 6次，以减少局部出血和肿胀；24小时后改为热敷，加速血液循环；这两者切不可颠倒，否则会加剧伤情，导致剧烈肿胀，而且不易恢复。注意不可用力按摩揉搓，以免加重损伤或造成骨折。

6. 烧烫伤的处理

(1) 轻度烫伤与紧急处理。如果是皮肤表面的烫伤，皮肤会红肿刺痛，如果做好紧急处理，则不会留下任何伤痕。先用冷水冲洗烫伤部位20分钟左右使皮肤冷却，可缓解疼痛，减弱红肿程度，防止形成水泡。如果水泡已经形成，不要弄破，也不要往患处涂抹任何药膏或药水，可在上面放置一块清洁、无绒毛的纱布，之后涂抹抗生素药膏，以免伤处受到感染。

(2) 中度烫伤与紧急处理。中度烫伤表现为：皮肤不仅红肿，还会起水泡，皮肤破裂溃烂，现出真皮并渗出血及其他液体。这种程度的烫伤非常疼痛，有时会因为伤势太严重而感觉不到疼痛，如果直接用清水冲洗反而会加重伤势。保育员应先将患部的渗出液用棉签拭干，再将伤处放入盛有冷水的盆中，并不断地将流动自来水向盆中注入以保持水温，20 ~ 30分钟后即可舒缓疼痛，并防止皮肤深层组织受到破坏。

(3) 大面积烧伤和重度烧伤。保育员注意切不可擅自在幼儿的伤口处涂抹任何东西，要保持创面清洁完整，用清洁的床单或衬衫盖住伤口后，立即将幼儿送往医院做首次处理。

(4) 由化学用品引起的灼伤。不可用凉水冲，要先脱去幼儿被灼伤地方的衣物，再用干净的布或毛巾擦干，伤口表面不可涂抹牙膏、外用药膏、红药水、紫药水等，应立即送到医院处理。

7. 鼻腔异物的处理

幼儿由于好奇，常把豆子、小珠子、纽扣、橡皮等较小的物品塞入鼻中，这不仅会影响呼吸，还会引起鼻腔炎症，甚至造成气管异物。保育员应仔细观察，及时为幼儿取出异物。具体的方法是：引导幼儿深吸一口气，然后用手堵住幼儿无异物一侧的鼻子，让幼儿用力擤鼻，异物即可排出。若异物未取出，切不可擅自用镊子夹取，否则会将异物捅向鼻子深处，甚至落入气管，危及生命。未排出异物，应立即将幼儿送去医院处理。

8. 眼内异物的处理

幼儿眼内异物最为多见的是小沙粒、小飞虫等。异物入眼后，可能附在睑结膜的表面，进入睑结膜囊内，也有的嵌在角膜上。对于不同的情况，应采用不同的方法。具体的方法是：让幼儿轻轻闭上眼睛，切不可让幼儿揉搓眼睛，以免损伤角膜。保育员清洁双手后，方可为幼儿处理。沙粒附在眼结膜表面时，可用干净柔软的手绢或棉签轻轻拭去；若嵌入眼睑结膜囊内，则需要翻开眼皮方能拭去。翻上眼皮的方法是：让幼儿向下看，用拇指和食指捏住他的眼皮，向上轻翻即可。若运用以上方法均不能取出异物，幼儿仍感极度不适，则有可能是角膜异物，应立即将幼儿送去医院治疗。

9. 外耳道异物的处理

外耳道异物一般分为两种，一种是非生物异物，如幼儿玩耍时塞入的小石块、纽扣、豆类等；另一种是生物异物，如小昆虫等。幼儿外耳道异物可引起耳鸣、耳痛、外耳道炎症及听力障碍，应及时取出。幼儿外耳道异物属非生物异物和水时，可用倾斜头、单腿跳跃的动作，使物品跳出。若无效，则应上医院处理。切不可用小棍捅、用镊子夹，否则易损伤幼儿的外耳道及鼓膜。若外耳道异物为小昆虫，可用强光接近幼儿的外耳道，或吹入香烟的烟雾将小虫引出来。若仍不见效，应立即上医院处理。

10. 气管异物的处理

气管、支气管异物多见于5岁以下的幼儿，幼儿在进食时哭闹、嬉笑、跑跳或口内含着物品突然深吸气时，非常容易将异物吸入气管中，随着呼吸，异物会进入支气管或更深部，可引起幼儿呛咳、吸气性呼吸困难、憋气、面色青紫甚至窒息死亡。此时情况紧急，应立即加以处理。若发生在年龄较小的幼儿身上，可将其倒提起来，拍背。若发生在年龄较大的幼儿身上，措施有以下三种：

(1) 拍背法：让患儿趴在救护者膝盖上，头朝下，托其胸，拍其背部4下，使患儿咳出异物。

(2) 催吐法：把手指伸进幼儿的口腔，刺激其舌根催吐，此方法适用于较靠近喉部的气管异物。

(3) 迫挤胃部法：抱住患儿腰部，用双手的食指、中指、无名指顶压其上腹部，用力向后上方挤压，挤压后放松，重复而有节奏地进行，以形成冲击气流，把异物冲出。若仍不能取出异物，应立即送往医院处理。

11. 咽部异物的处理

咽部异物以鱼刺、骨头渣、瓜子壳等较为多见。异物大多扎在扁桃体或其周围，引起疼痛，吞咽时疼痛加剧。咽部异物最好用镊子取出，切不可采用大口吞饭的方法，否则会使异物越扎越深，造成危险。若无法取出，应立即将幼儿送往医院处理。

12. 蚊虫叮咬的处理

夏秋季节蚊虫增多，被蚊虫叮咬的机会也随之增多。幼儿被蚊虫咬伤后，保育员可把清凉油、风油精、酒精、氨水等涂于幼儿患处。

13. 头部摔伤的处理

当幼儿头部摔伤出血时，保育员应马上用清洁的纱布轻轻按压伤口，以达到止血的目的，同时要尽快送往医院。摔伤后未见出血，保育员要对幼儿进行24小时的密切观察，如果出现以下症状应及时送往医院急救：

- 受伤后有恶心、呕吐的现象。
- 受伤后有过意识丧失或正处于意识丧失的状态。
- 头部剧烈疼痛。
- 眼、耳、鼻周围有出血症状。
- 有抽风、麻痹、言语障碍等症状。

14. 鼻出血的处理

鼻出血是幼儿的常见症状，其部位多是在双侧鼻中隔前部的毛细血管网区，这部分血管网很浅，有数条血管交会于此，分布在鼻中隔的黏膜层，不慎受伤容易出血，且量很多。引起鼻出血的原因最常见的是碰撞跌倒、受到重击或抠鼻子。还有一些其他原因，如幼儿偏食、挑食导致维生素缺乏等。此外，患血液疾病的幼儿虽然鼻子没有受伤，但时常流鼻血，通常流速缓慢，但是次数很频繁，碰到这种情况，保育员必须及时告知家长立刻带孩子去医院检查。幼儿鼻出血时要注意以下几点禁忌：

- 忌用卫生纸塞鼻子堵血。粗糙的卫生纸反而会刺伤幼儿鼻黏膜的血管，造成更严重的出血。
- 忌低头。如果头部过低，可使出血量增多，而鲜血红色的刺激易使幼儿过度紧张，也会增加出血量。

- 忌仰头、仰卧。流鼻血时，如果让幼儿仰起头或仰躺着，表面上看不到流血，实际上鼻血还在继续流，不过是由在鼻腔里流改为在口腔中流，而血的腥味可能引起幼儿反胃，血块也会阻塞喉头或存在于鼻腔内，反而造成幼儿呼吸困难。如果吞入大量的血液，会刺激胃壁引起呕吐甚至吐出血液，会更令人惊慌失措。

处理幼儿鼻出血的正确方法如下：

(1) 外用止血法。①冷敷法：将用冷水浸湿的毛巾或冰袋敷于患者的前额或颈部，使血液遇冷后流速减缓，逐渐凝固而达到止血的目的。②压迫法：用拇指及中指同时紧压两侧鼻翼，使出血的部位受到压迫而停止流血，约5分钟后松手看看是否止血了。若继续流血，则再重复紧压鼻翼5 ～ 10分钟，则大多数情况下可止血。此时应尽量让幼儿安静，避免哭闹。③鼻腔填塞法：如果出血量大，或用上述方法不能止住出血时，可采用鼻腔填塞的方法止血。具体做法是：把脱脂棉卷成如鼻孔粗细的条状，向鼻腔填塞。不要松松地填塞，否则达不到止血的目的。

(2) 家园配合积极预防、治疗。针对幼儿鼻出血的各种原因，保育员应当将情况及时与家长沟通。如果幼儿是因为疾病引发的鼻出血，则要及时治疗；如果是因不良习惯引发的鼻出血，应和家长配合，帮助幼儿尽快改掉坏习惯，并在平时的饮食中注意多让幼儿饮水，多吃一些富含维生素的黑木耳、莲藕等有止血功能的食物。

(3) 科学创设幼儿园环境。夏季气候炎热、冬季气候干燥，都会导致幼儿因气候原因而流鼻血，这就要求保育员提醒幼儿注意多饮水，进行户外活动时应避免过久暴晒；冬季，幼儿活动室内空气干燥，可使用加湿器或开窗通风，不要让室温过高，保持空气的湿度，这些措施都有利于减少幼儿鼻出血的发生。

15. 惊厥的处理

幼儿出现惊厥的原因很多，高烧惊厥较为常见，如患上呼吸道感染、流脑、中毒性痢疾等均会使幼儿高烧，进而惊厥。此外，由于幼儿缺钙而引起的手足抽搐或患有癫痫、低血糖或中毒等也会引起幼儿惊厥。幼儿惊厥的表现通常是突然发作，意识丧失，头向后仰，眼球凝滞，呼吸细弱且不规则，口唇青紫，四肢和单侧面部或双侧面部抽动，持续的时间可由几分钟到十几分钟甚至几十分钟不等。一般幼儿园的孩子发生的惊厥，十之八九都是因为高热引起的，常伴有呼吸道感染症状，多发于年龄小的孩子，以6个月到5岁小儿多见。惊厥患儿一般体温高于39℃，在热程的第一天体温迅速上升时惊厥，一般一次热程中发作一次，发作时多为全身性发作。幼儿惊厥后，保育员千万不可惊慌失措，不可大声呼叫或用力摇晃、拍打幼儿。保育员应采取以下措施：

- 让病儿侧卧，以及时排出分泌物，防止异物进入气管。同时，松开幼儿的衣领、裤带，保持血液循环的通畅。
- 不要紧搂幼儿，可轻按幼儿抽动的上下肢，避免幼儿从床上摔下。
- 将毛巾或手绢拧成麻花状放于幼儿上下牙之间，以免幼儿咬伤舌头。但如果病儿牙关紧闭，无法塞入毛巾，不可硬撬。
- 随时擦去痰涕等分泌物。
- 用针刺或按压人中穴，即唇沟的上1/3处。
- 处理完后立即送医院做进一步的检查和治疗。

16. 误服药物中毒的处理

由于婴幼儿身体解毒和排泄能力差，对药物敏感，一旦发生误服药物的情况，往往后果严重。发现幼儿误服药物，正确的处理原则是：迅速排出，减少吸收，及时解毒，对症治疗。

首先，要尽快弄清楚，幼在什么时间、误服了什么药物和服用的大体剂量，为就医时提供详细情况。不要打骂和责怪幼儿，以免其因害怕而隐瞒真实情况，导致误诊。

保育员要区别不同的情况，采取必要的急救措施。

(1) 如果幼儿误服的是一般性药物，如毒副作用很小的维生素、止咳糖浆等，可让幼儿多饮凉开水，使药物尽快稀释并及时排出。

(2) 如果幼儿误服的药物剂量过大又有毒性，应立即用手指或其他工具刺激幼儿的舌根催吐，然后再让幼儿喝大量茶水、肥皂水反复催吐洗胃。催吐和洗胃后可让幼儿喝几杯牛奶、豆浆或3 ~ 5枚生鸡蛋清，以保护幼儿的食道和胃黏膜不被烧坏，并起到养胃解毒的作用。

(3) 如果幼儿误服的是腐蚀性药物，如碘酒类，发现后要争分夺秒，马上喂米汤、面汤等含淀粉的液体；若是误服来苏消毒液，可喝蛋清、牛奶、面粉糊以保护胃黏膜。

(4) 如果幼儿误服的是强酸类药物，应让幼儿立即服用石灰水、肥皂水、生蛋清，以保护胃黏膜；若为强碱类药物，应立即让幼儿服用食醋、橘汁、柠檬水等，然后立即送医院进行治疗。

另外，在送医院急救时，应将误服的药物或药瓶带上，以便使医生及时了解情况，并及时采取解毒措施。

17. 中暑的处理

(1) 先兆中暑：表现为在高温的环境下出现头痛、眼花、耳鸣、头晕、口渴、心悸、体温正常或略升高等症状，短时间休息可恢复正常。

(2) 轻度中暑：除以上症状外，体温在38℃以上，面色潮红或苍白、大汗、皮肤湿冷、血压下降、脉搏增快，经休息后，可恢复正常。

(3) 重度中暑：也称热衰竭，表现为皮肤凉、过度出汗、恶心、呕吐、瞳孔扩大、腹部或肢体痉挛、脉搏快，常伴有昏厥、昏迷、高热甚至意识丧失等。

幼儿发生中暑的快速处理方法：

- 立即将幼儿移到通风、阴凉、干燥的地方，如走廊、树荫下。
- 让幼儿仰卧，解开其衣扣，脱去或松开其衣服。如幼儿的衣服已被汗水湿透，应及时给幼儿更换干衣服，同时打开电扇或空调，以尽快散热，但风不要直接朝幼儿身上吹。
- 快速降温，使幼儿的体温降至38℃以下。具体做法是：用凉凉的湿毛巾或冰袋冷敷幼儿头部。
- 在幼儿意识清醒前不要让其进食或喝水，幼儿意识清醒后可让其饮服绿豆汤、淡盐水等解暑。

第四章

与他人沟通工作

沟通既是一门科学，又是一门艺术。沟通就是把不通的“管道”打通，让“死水”成为“活水”，彼此能交流、能了解、能产生共识。比如，政府和人民之间的“管道”不通畅了，有了民怨，要沟通；公司与职员之间有了“鸿沟”，造成劳资纠纷，要沟通；父母与子女之间有了“代沟”，出现了“叛逆”的子女、“霸道”的父母，要沟通。保育员的工作性质决定了保育员需要和园领导、同事、家长和幼儿进行良好的沟通，以便使自己的工作能顺利开展。

一、与领导的沟通

几乎人人都有领导。上至国家领导，下至普通百姓，都是如此。只是人们的叫法不同，有的叫“领袖”，有的叫“老板”，也有的叫“头儿”，总之都是领导你的人。你可能把他看作自己的朋友，也可能把他看作自己的“敌人”。但是无论如何，领导毕竟是领导，倒不如运用你的沟通技巧，“化敌为友”，与其建立良好的人际关系。这样，你们双方都会感到很愉快。

（一）尊重而不吹捧

作为保育员，一定要充分尊重领导，在各方面维护领导的权威，支持领导的工作，这也是保育员的工作本分。首先，对领导工作上要支持、尊重和配合；其次，在生活上要关心领导；再次，有时领导处于矛盾的焦点上，保育员要主动出面，勇于接触矛盾，承担责任，为领导排忧解难。

某幼儿园有一位业务园长个子矮小但体态丰满，平时她比较注重形象，尤其喜爱别人夸奖她的穿着打扮。一次，她穿了一条比较流行的针织鱼尾裙走进幼儿园，大家看后都觉得很时尚但不协调。没想到该园大二班的保育员看到了，却走上前去讨好地对园长说：“啊，您穿这件衣服真是太美了，像一条美人鱼。”其他教师听了这位保育员的话，都露出怀疑的目光。

（二）请示而不依赖

一般说来，保育员在自己的职权范围内大胆负责、创造性地工作，是值得倡导的，也是受领导欢迎的。如果事事请示，遇事没有主见，大小事不能做主，这样领导会觉得你办事不力。该请示汇报的必须请示汇报，但绝对不要依赖、等待。

为了保证每个班级都能按时晾晒被子，幼儿园对每个班级晒被子的位置进行了规定。中二班的保育员陈老师非常负责，这天她看到天气好又是冬天就想把孩子们的被子抱出来晒晒。中二班的晾晒位置在三楼，但因为当天二楼没有班级晾晒被子且中二班教室离二楼更近些，陈老师于是想在二楼晾晒。因为领导不在，她不敢擅自做主，一直等到下午领导来。最后领导同意了，但已经错过了晒被子的最好时间。

（三）敢言、善言

保育员应在工作方面积极主动，敢于直言，善于提出自己的意见；不能唯唯喏喏，凡事只求四平八稳。在处理同领导的关系上要克服两种错误的认识：一是领导说啥是啥，叫怎么着就怎么着，完全顺从；二是自恃高明，对领导的工作思路不理解、不落实，甚至另搞一套，阳奉阴违。

幼儿园里经常会给幼儿吃煮鸡蛋、鹌鹑蛋和基围虾之类需要剥皮的东西，为了锻炼幼儿的动手能力，幼儿园要求必须让幼儿自己剥不能由教师代替。胡老师是位经验比较丰富的生活教师，她就提出："中、大班幼儿可以按要求做，托、小班幼儿就不行，因为托、小班幼儿的动手能力差，如果全部由他们自己剥，饭菜会变凉，不利于他们的身体健康。"可这样的话，幼儿的动手能力得不到培养怎么办？胡老师说："可以采取逐步培养的方式，先将剥的方法告诉幼儿，让幼儿自己开始剥，然后教师提供帮助。这样，幼儿慢慢就学会了。同时，也不会影响他们的进餐。"对于胡老师的建议，大家表示一致认可。

二、与同事的沟通

要想在幼儿园获得发展和成功，领导的支持非常重要，同时有良好的人际关系也很重要。那么，如何与同事沟通呢？

（一）要有协作意识

保育和教育是幼儿园工作不可分割的两部分内容，这就意味着保育员和教师不能独自为政，只有相互配合才能做好工作。保育员要想得到教师的支持，首先需要给教师提供支持和协作。比如，当教师带领幼儿进行户外活动时，保育员需要维持纪律，观察幼儿的运动情况，看幼儿是否出汗、是否需要增减衣服等。当教师在室内开展活动时，保育员应主动询问教师或观察教师看是否需要配合表演、发放学具或展示课件等。

这天，在幼儿吃完早餐后，张老师决定开展一节绘画活动。为了不让幼儿把油画棒和水彩笔画到桌子上，张老师打算在每张桌面上铺上一张牛皮纸。保育员小杨看到后，立刻放下手里的拖把来帮张老师铺报纸和分画笔。在张老师组织绘画活动的过程中，小杨就在一旁帮着张老师维持纪律。

（二）善用微笑和幽默

幼儿园的保育工作很辛苦，这就要求保育员必须拥有积极乐观的心态，学会微笑和运用幽默，这样不但会让自己转换心情，更会给周围的人一种积极向上的风貌。同事见面，笑一笑，会传递出友好的态度，拉近彼此间的距离。尤其是在遇到困难或者遭遇尴尬事件时，善用微笑和幽默，还能帮自己克服困难，化解尴尬。

一次幼儿进餐完毕，保育员小李正拿着餐具准备放到消毒间消毒，谁知不小心脚下一滑差点摔倒。柯老师见状急忙去扶她，没想到小李却笑了说：“没事，没事，我正在练滑冰呢。”

（三）与同事分享快乐

保育员和教师每天和幼儿在一起，会发生很多好玩的事情。幼儿天真烂漫、好奇好问，他们的童言趣语，常常让人捧腹大笑。此外，当幼儿取得进步或者教育措施效果显著时，保育员或者教师的心情肯定也是快乐的。快乐的情绪是可以感染的，保育员或者教师要善于分享自己的快乐体验，让同事也能感受到幼儿教育工作的乐趣，也能在实际工作中应用这种成功的教育经验。

中一班新转来一个小朋友，他每次吃完饭后桌子上都会落下很多饭粒。保育员杨老师经过仔细观察后发现，他每次都吃得特别快，前一口还没咽下，后一口就跟上来了，结果嘴里盛不下那么多饭粒，就掉在了桌子上。经过了解后得知，他原来所在幼儿园的班级老师每次吃饭时都一直让他快点吃，他吃慢了，就会挨批评，所以导致他养成了不良的进餐习惯。找到了问题所在，每次吃饭前，保育员和教师都会告诉他慢慢吃，细嚼慢咽。逐渐地，这个小朋友改掉了掉饭粒的坏习惯。

（四）主动让利

在工作中，很多人都会站在自己的角度，争取自己的利益。更有甚者，在工作中斤斤计较，喜欢占小便宜，这样的人定会被同事讨厌，结果许多时候占了小便宜却吃了大亏。保育员在工作中应体现自己的大度，这样会为自己赢得更多同事的信任和尊重。这样当自己需要别人的信任和帮助时，别人才会不遗余力地支持自己。

保育员小张，年轻有活力，难能可贵的是，她在工作中胸怀大度，从不斤斤计较。虽然幼儿园各班清洁区有明显的划分，可她每次都会打扫到临近的班级；看到其他班级保育员洗晒被子，只要有时间，她都会主动地帮忙；上班时她总是提前到岗，下班前会检查当天的事情是否做妥当。小张的行为为她在幼儿园赢得了良好的口碑，不光本班教师，其他班级的教师和保育员也对她交口称赞。

（五）聪明应对异议和分歧，融洽相处

同事之间很容易发生一些分歧，如果保育员不能正确对待，就容易与同事产生隔阂。

1. 以大局为重，多补台少拆台

在与同事合作的过程中，有了成绩，保育员不要把功劳全归于自己。合作中出现了失误和差错，按一日作息责任的划分是自己的责任，保育员要勇于负起责任，不要推脱。保育员应多搭台少拆台，不能落井下石。

2. 对待分歧，求大同存小异

同事之间由于经历、立场等方面的差异，对同一个问题往往会产生不同的看法，因而引起争论，一不小心就会伤和气。因此，与同事有意见分歧时，不要过分争论，客观上，人接受新观点需要一个过程，主观上往往还伴有“好面子”、“好争强斗胜”的心理，此时如果过分争论，就容易激化矛盾而影响团结。面对问题，特别是在发生分歧时要努力寻找共同点，争取求大同存小异。实在不能达成一致意见时，不妨冷处理，表明“我不能接受你的观点，但我保留我的意见”，既让争论淡化，又不失自己的立场。

3. 对待荣誉，保持平常心

许多同事平时一团和气，然而遇到利益之争就当“利”不让；或在背后互相谗言，或嫉妒、说风凉话。这样既不光明正大，又

于人于己不利，因此对待荣誉保育员要时刻保持平常心。

4. 与同事交往时，保持适当距离

在幼儿园，如果几个教师间交往过于频繁，容易形成表面上的小圈子，让人产生“是不是他们又在谈论别人是非”的想法。因此，在与同事交往时保育员要保持适当距离，避免形成小圈子。

5. 发生矛盾时，要宽容忍让，学会道歉

同事之间经常会出现一些磕磕碰碰，如果不及时妥善处理，就会成为大矛盾。俗话说，“冤家宜解不宜结”。在与同事发生矛盾时，保育员要主动从自身找原因，换位为他人多想想，避免矛盾激化。如果是自己做得不对，要放下架子，学会道歉，以诚心感人。退一步海阔天空，如有一方主动打破僵局，就会发现彼此之间并没有什么大不了的隔阂。人与人交往，难免会有许多误会、矛盾甚至冲突，这些其实都源于沟通不畅。

（六）虚心向老同事学习

有的年轻的保育员就觉得自己行，看不起老同事。事实上，这些老同事在保育岗位上工作了许多年，具有丰富的经验，知道在一日活动中怎样对待“调皮鬼”、怎样对待体弱儿、哪些环节容易出现问题、如果出现问题应该如何应对等。他们的这些经验都是宝贵的，值得年轻的保育员学习。

大一班的阳阳非常调皮、好动，为了不影响其他小朋友的活动，该班年轻的保育员只好经常把他拉在一边不允许他参加活动，甚至在班级中对其进行孤立，要求班上小朋友不要和他玩。结果，导致阳阳越来越不能控制自己，他常常做一些怪异的动作和事情来引起别人的注意。

到了下学期，幼儿园对大一班的生活教师进行了调整，换了一位经验丰富的保育员。这位保育员看到阳阳的情况后主动跟教师商量，采取了一些措施：

(1) 与阳阳的家长交谈，让他们了解任其发展的危险性，应在家多陪陪孩子。

(2) 与阳阳交谈，明确告诉他老师喜欢他但不满意他的一些行为，希望他能改进。一旦发现阳阳有进步，就及时表扬他，并做好记录。

(3) 经常在同伴中对阳阳的点滴进步进行表扬，增强他的自尊心，同时在班内选两名活泼、交往能力强的小朋友做他的朋友，带着他参加别的小朋友的活动。

(4) 每天找时间与阳阳交流，分析当天他什么地方做得好、什么地方做得还不够好。

经过一段时间的努力，阳阳进步特别大，与别人交往融洽了。有时，他还愿意帮助老师做一些力所能及的事情，现在小朋友们也愿意跟他一起玩了。

三、与家长的沟通

家长工作是一门很深的学问，与形形色色的家长沟通更是一项不太轻松的工作。而一直以来社会上普遍认为家长工作是由教师做的，忽略了保育员与家长的沟通。其实，保育员和教师一样每天接待幼儿家长，与幼儿家长打交道，在衣食、睡行、生活习惯等方面与幼儿更亲密，对他们更了解。那么，保育员应该如何更好地与家长进行沟通呢？

（一）与家长有效沟通的策略

有效的沟通可以消除隔阂，增进相互间的了解，进而建立信任感。那么，如何让沟通变得有效呢？可以尝试从以下几点做起：

1. 对待家长要热情主动，充分展现自己的个人魅力

微笑是一把开启社会交往的金钥匙，不满与拒绝在微笑面前会烟消云散。喜欢微笑的保育员是最美的！微笑的保育员会给家长发出“友好”的信号，让家长产生接近保育员的愿望。

保育员在接待孩子和家长时要热情主动。清晨，保育员应认真地接下家长交付的药，仔细地听取家长的嘱咐；离园时，应及时地配合教师汇报孩子的饮食起居，并适时地结合孩子的身体状况给家长一些建议，指导家长更合理地安排孩子的饮食、床褥、衣服……这些细心的指导会让家长更放心、更信任保育员，进而建立相互间的信任感。

2. 要在日常细节和行动上感动家长，赢得家长的信赖

家长了解保育员，除了“听”，可能更多地会采取“看”的方式，通过平时观察保育员对待工作的态度、亲近孩子的程度和对待家长的态度等来评判保育员是否称职。

首先，保育员要为幼儿创设清洁卫生、井然有序的生活环境。当家长走进干净又清爽的活动室时，一定会感受到保育员的辛劳。地上、桌上一尘不染，孩子们的衣服折叠得整整齐齐，各类幼儿物品摆放得井井有条，这一切体现了保育员对孩子的责任心。

其次，最能打动家长的是保育员对孩子无微不至的关心和关爱。这就要求保育员要把关心、照顾孩子的细致工作落实到行动之中，以实际行动来感动家长。

学期刚开始，蓓蕾幼儿园中一班就接收了一名转园幼儿。该

幼儿的家长很不放心，时常偷偷来园观察，看看孩子在幼儿园吃不吃得饱、有没有小朋友欺负她、老师是不是关心自己的孩子等。一直到孩子开心地和老师一起上课了，该家长才会“依依不舍”地离开。这种情况持续了一段时间，直到有一天，班上保育员的一个不经意的举动彻底打消了这位家长的顾虑。那是在晨间活动时，孩子的衣服被汗水湿透了。保育员发现后，及时带领孩子回到班上，用毛巾帮孩子把后背上的汗水擦拭干净，并给她换上干净的衣服，这一幕正好被“偷窥”的家长看到。她什么也没说，悄悄地走了。自此以后，这位家长送孩子时再也没在幼儿园停留过，而是很放心地把孩子交给该班教师和保育员。

行动是最有说服力的沟通方式。上述案例中，家长就是从一个不经意的动作中感受到了保育员的责任心和爱心，从而对保育员建立了信任感。

3. 要善于运用语言与家长交流和沟通

会做也要会说，做了就要说出来。许多保育员做起事情来勤勤恳恳、任劳任怨，但是和家长交流起来结结巴巴，明显底气不足。原因有两个：一是保育员和家长交流的机会比较少，缺乏锻炼；二是保育员感觉自己的专业知识和水平没有教师高，不敢张嘴怕说错，自信心不足。

其实，要想提高和家长的沟通技巧就要从观察幼儿的一言一行开始，然后才有内容和家长交流。首先，保育员要关心幼儿，及时发现幼儿的异常情况并记录下来，必要时及时通知家长。其次，对孩子的各种情况，如挑食、不良卫生习惯等，与家长展开交流，请家长在家配合保育员工作。最后，根据孩子的年龄特点，和家长交流让孩子做一些力所能及的事，诸如自己吃饭、洗脸擦脸、穿脱鞋袜、系鞋带、穿脱衣服等；培养幼儿独自上床、按时起床、保持正确的睡眠姿势、不骚扰他人等习惯。

语言沟通除了当面交流，还可以采用书面告知的形式。比如，对于近期班上整体孩子的进步和需要提高的地方，保育员可以书写出来群发给家长，以便家长更好地了解孩子在园的表现，对保育员的工作有进一步的了解；对于很少来园的家长或者比较特殊的孩子，保育员可以把孩子在园的表现及需要家长配合的方面，单独写出来交给家长，做一个深层次的沟通，或约定面谈。这种交流形式不仅增进了家长与保育员的相互沟通，也是家园联系工作的一种补充与完善，更可提高保育员自身的综合素质。

（二）与家长沟通的方式

不同的时间段，保育员与家长沟通的方式是不同。

1. 开学初，应热情主动，让家长了解自己

新学期开始，家长和保育员之间是陌生的，家长看待保育员的眼神或是期待的或是怀疑的。面对这种状况，保育员一定要热情主动地接触家长，给家长了解自己的机会，尽快地建立相互间的信任感。

保育员李老师在工作中踏实肯干，对孩子也很有爱心，但因为个性原因，在人际交往方面比较被动。刚接手新班时，每天一进班她都忙于清扫卫生、整理物品，接待家长时只是很被动地站在教师的后面，没有主动和家长打招呼，这种做法逐渐引起家长们的不满，家长们一致认为该保育员过于严肃，没有亲和力，影响孩子的健康成长，所以找到园领导要求更换保育员。后来，在园长和班级教师的耐心说服下，家长同意再观察一段时间。在之后的工作中，保育员通过自己的行动赢得了家长们的肯定和信任，

但是这个得到认可的过程稍显长了些。如果保育员在一开始的工作中就能积极主动地热情接待家长，这一切的不愉快就不会发生。

保育员在和家长沟通时一定要积极主动，充分运用语言和行动尽快让家长了解自己。比如，晨间接待时摸摸孩子的头，抱抱哭闹的孩子，安抚孩子的情绪，主动问问家长孩子在家的表现，专心倾听家长交代的事情并认真落实到位等，这些都会让家长感受到保育员对自己孩子的重视，进而增强信任感。

2. 学期中熟识家长后，摸清家长的个性，因人而异地沟通

(1) 对于理智型的家长，可以采用直入主题的沟通策略。理智型的家长能够很清楚地看待自己的孩子，对于这类家长，保育员可以直入主题，和家长交流孩子在园的优缺点，寻求对方的配合。

(2) 对于对孩子期望值很高的家长，可以采用”汉堡包”式的沟通策略。和这类家长沟通时，应先肯定孩子优于别人的地方，给予真诚的赞美。再针对不足了解孩子在家的表现，然后和家长共同找出原因，最后给出合理的建议。

(3) 对于溺爱型的家长，可以采用自纠的沟通策略。对于溺爱孩子的家长，保育员可以和教师商量好，邀请家长参与幼儿园的一日活动，让家长在一日开放活动中通过观察对比，发现自己孩子存在的问题，然后保育员适时跟其交流，以表现对其孩子的重视，并引导家长强烈地感受到自己的孩子和其他孩子间的明显差距。最后，家园共同制定解决方案。

(4) 对于放任型的家长，可以采用“主动出击”的沟通策略。对于这类家长，保育员每天离园时可以用一两句话向家长反映情况，及时将孩子在园的点点滴滴向家长汇报，让家长感到保育员是多么地了解、关注自己的孩子。通过锲而不舍地与家长交流，促使家长变得积极主动起来。

3. 学期末，巧用赞美，激发家长的集体责任感

赞美的作用远远大于批评指责。赞美能调动起人的所有积极因素，激发其源于内心的责任感。因此，保育员在与家长沟通时，也要善于赞美家长，用赞美开启家长的心扉，使家长高兴地与保育员结为同盟，协助保育员工作。可以安排在学期末的家长会上赞美家长，因为家长会影响面广、带动性强，要把赞美全体家长与赞美个别家长相结合。可以赞美家长素质高，赞美家长懂教育，赞美家长爱孩子但不护短，赞美家长不仅爱自己的孩子，也关心全班的孩子，为班上孩子做了许许多多的事，这样的赞美常常使更多的家长对班级更加关注，更积极地参与到班级事务中来，所以对家长不要吝惜于赞美。保育员和教师的工作得到家长的协助，才是最完美的教育组合。

和家长沟通的方式有许多，保育员要做到热情主动、不卑不亢，要主动引领家长，而不是被动地招架，这样的沟通策略就是成功的。

（三）与家长沟通的小技巧

在与家长沟通方面，保育员还可以掌握一些小技巧。

1. 语言要诚恳，语气要委婉

首先，保育员要有诚恳的态度，让家长感到自己备受重视和尊重，进而乐于和你分享看法、协助你解决问题。保育员以诚恳的语言和家长交谈，不冷嘲热讽，以尊重为原则。

其次，对家长不能居高临下，不要使用“你应该”或“你必须”这样命令性的字眼，而应该说“我认为”、“我觉得”、“我需要您

的协助”或是征求家长的意见，如“您认为怎样”、“您觉得如何”、“您的想法是”、“您的意见是”等，用这些婉转、协商性质的词语来拉近与家长的距离。这样家长更乐意，也更容易接受建议。当然，保育员也不能过于谦虚，在确定无疑时，语气也应肯定，让家长相信你的意见是不容质疑的。

2. 语言表述要有针对性

因为职业原因，幼儿教育工作者普遍有说话啰唆的特点，表述一件事情时反反复复，生怕别人听不懂，在和家长沟通的过程中，也存在这一问题。这就要求保育员在和家长沟通时一定要抓住重点，思路清晰，有针对性地提出自己的见解。比如，在解答家长的疑惑、给家长提出建议时，一定要有针对性，要针对他们的性格特点、生活习惯、兴趣爱好、优缺点以及自己采取了哪些教育措施、需要家长怎样配合等，尽量用事例来表述，并细化到生活的细微之处，有理有据，千万不能泛泛而谈，不要让家长觉得不着边际，进而对教师的工作能力产生怀疑。

总之，无论保育员运用何种方式、何种技巧与家长沟通，一定要做到以诚待人，以心换心，同时也要通过努力学习不断提高自己的道德修养和理论水平，这样才能在家长面前树立威信。

四、与幼儿的沟通

保育员在幼儿园工作，除开正常的工作程序外，接触最多的就属幼儿了。很多保育员担心自己不会唱、不会跳，更不太会绘声绘色地给孩子们讲故事，孩子们会喜欢自己吗？其实，保育员忘记了自己做的生活照顾、卫生打扫等琐碎工作对孩子来讲是最熟悉的，而且有很强的亲切感，因为这些工作与爸爸妈妈在家里的忙碌是一致的，孩子对日常生活场所里从事这类工作的成人有着一份天然的亲切感和信任感。所以，保育员与幼儿之间更容易沟通，而且更容易让幼儿对保育员产生依赖，愿意诉说和亲近。

当然，保育员与幼儿沟通也要注意方法。

（一）悉心照料

孩子越小越需要成人的呵护和照料，对于悉心照料自己的人，孩子会自然地产生一种依赖和信任，也愿意向照料自己的人表达自己的愿望和见闻，遇到困难也更愿意向照料自己的人求助。幼儿早上离开家，晚上才回家，一日生活的点点滴滴都离不开幼儿园教师和保育员的照顾。保育员一定要关注每个孩子，尽心照料好每个孩子的生活起居，孩子热了提醒他们脱件衣服并为他们后背塞上毛巾，冷了及时为孩子加上衣服，衣服尿湿了赶紧为孩子换上，孩子的头发乱了赶紧梳一梳，孩子不舒服了赶紧问一问并带孩子到医务室看一看……孩子年龄小，可能表达不出感激，但你会收获到孩子对你的依恋和信任，更会收获家长真心的感激与尊重。

（二）呼唤小名

叫出每个孩子的名字是保育员应掌握的基本技能，这一点非常重要。因为名字是孩子在这个社会存在的标志，具有个体差异和其独特的价值。成人叫出孩子的名字，就表明孩子是被关注和被认可的，这也体现出了对孩子的尊重。而且幼儿园的孩子多，总会在特定的时候出现一些突发的状况，保育员叫得出孩子的名字才能更加及时地引导幼儿做出适宜的行为，也为与家长沟通奠定了良好的基础。

叫出孩子的小名能快速与孩子建立良好的关系，也能更快地建立相互间的信任。孩子的小名一般是局限在孩子的亲属中叫的，在幼儿园被叫出小名，孩子会油然而生自豪感，因为自己被亲属外的成人关注，孩子对集体的归属感会迅速增强。孩子只有对集体环境产生安全感与归属感，才能最大限度地健康成长、快乐发展。

(三)肢体安抚

保育员对孩子的肢体安抚包括抱一抱孩子以及轻轻抚摩孩子的脸、手、头发等。通过肢体的接触能让幼儿感觉到保育员的善意，从而接受保育员的关心。

保育员对孩子的肢体安抚可以弥补少数不太被关注孩子的情感需求。幼儿园的孩子是从不同类型的家庭中走出来的，处于同一个集体中生活时，那些活泼、开朗的孩子可能很容易就在集体生活中找到自己的位置，并很快得到大家的认可，而天生胆小、性格内向、话语不多的孩子往往会在集体生活中被遗忘和冷落。保育员要抓住机会在一些生活小事上多让胆小内向的孩子“帮帮忙”，比如，帮忙发发碗筷、帮忙收一下餐具、让孩子拿一下梳子等。虽然是一些小事情，但在相互交流与言谢的过程中，这些孩子的自信心会迅速增强，也许会由此改变内向的性格。

(四)善于倾听

倾听是有效沟通的前提。只有认真倾听孩子的心里话，知道孩子想什么、关注什么和需要什么，才能有针对性地给予孩子关心和帮助，才会使以后的沟通变得更加容易。

午餐时间，小朋友们陆陆续续吃完了，最后就剩下优优一个人坐在餐桌那儿，拿着勺子在碗里不停地搅动着，却没有往嘴巴里送。保育员胡老师见状走到优优旁边，拿过优优的碗舀了一小勺饭喂到优优嘴边，优优头一扭，不愿张口。胡老师说："咦，优优今天怎么了？是不是不舒服？"优优一听，"哇"的一声哭起来。胡老师把优优搂在怀里问："怎么啦？"优优抽泣着说："昨天晚上我吐了，肚子不舒服，呜……""哦，难怪优优今天吃得这么慢，也不想让老师喂呢。没关系，你告诉老师不就行了吗？那现在就不吃了，喝点水好不好？"接着，胡老师让优优放下碗勺，喝了些热水。午休时间，胡老师给优优妈妈打了个电话得知优优的确是身体不舒服。从此以后，优优有了什么事到幼儿园都要第一个告诉胡老师。

保育员的工作性质决定了与孩子间的沟通更多的局限于个体之间，这样就为保育员走近孩子的心灵奠定了基础。只要孩子愿意向你倾诉或是喜欢与你交流，保育员就应该暂时放慢或是停下手中正在做的事情，表现出对孩子表达内容的兴趣，这样孩子才愿意继续说下去，后面的沟通才会更顺畅。

（五）善于发现

发现是有效沟通的关键。保育员不但要认真倾听，而且要善于思考，注重在沟通中发现孩子的闪光点，还应该有适宜适度的回应。比如，孩子说喜欢自己的妈妈，保育员就可以问问："为什么喜欢妈妈，为什么不喜欢爸爸？"；孩子帮忙收拾了餐具，保育员就要称赞："你真棒！真能干！你在家里会帮爸爸妈妈做些什么？"……这样，孩子不但愿意经常和你沟通，还能提高沟通的质量。

最后，需要强调的是，保育员在幼儿园接触的都是孩子，孩子天生是好玩、好游戏的，所以，保育员应该保持童心，如果没有一颗童心，就很难和孩子交知心朋友，也就谈不上真正的沟通。比如，孩子游戏时，可以与他们一起游戏；孩子做操时，保育员也可以一起锻炼，使孩子觉得保育员不仅是朋友，更是很好的玩伴。

第五章

评价工作

保育评价是幼儿园保育工作的重要组成部分，是了解保育工作的适宜性、有效性，调整和改进保育工作，促进每一个幼儿发展，提高保育质量的必要手段。管理人员、教师、保育员、幼儿及其家长均是幼儿园保育评价工作的参与者。评价过程是各方共同参与、相互支持与合作的过程，也是保育员运用专业知识审视保育实践，发现、分析、研究、解决问题的过程，是其自我成长的重要途径。

一、来自保育员自身的评价

幼儿园保育工作评价实行以保育员自评为主，园长以及有关管理人员、教师和家长等参与评价的制度。

（一）对自己工作的评价

保育员定期对照幼儿园保健制度，及时对本班幼儿的生活管理与保健、卫生保洁及保教配合等方面进行自我反省和总结，对提高自己的保育水平，更好地为幼儿健康成长服务具有重要的现实意义。

1. 对自己保育工作评价的内涵

保育工作评价是依据一定的标准和程序，有计划、有目的、有组织地对自己各个方面的保育工作进行科学调查，并做出价值判断的过程。

通过评价，保育员会发现自身在保育工作中存在的某些问题，并分析、研究、解决问题，帮助自我成长。

2. 幼儿园保育工作评价的内容

保育员进行自我评价的内容包括生活管理、生活保健、卫生保洁、安全工作、保教配合等。

保育员工作评价表

姓名：__________ 时间：__________

保育工作内容	评价要求	等级					备注
		5	4	3	2	1	
生活管理	妥善保管班上幼儿衣物及本班设备、用品						
	负责领取和保管本班所需物品						
	每天幼儿起床后整理清洁好寝室，整理好幼儿离园的衣服和背包						
	午睡和夜间睡眠时多加巡视，注意纠正幼儿的不良睡姿，及时接尿、抹汗和盖被						

续表

保育工作内容	评价要求	等级					备注
		5	4	3	2	1	
生活保健	经常观察幼儿的情绪、食欲、睡眠及大小便情况并做好记录，发现病情及时报告保健医生						
	发现有传染病时及时对玩具、被褥、用具进行消毒，对体弱儿要特殊照顾						
	做好日常消毒工作						
	能处理几种幼儿常见的意外损伤并简单护理，能鉴别幼儿常见病（传染病）						
卫生保洁	做好卫生包干区的卫生工作和保洁工作，每天下班前必须倾倒垃圾						
	定期换洗被褥、枕套、桌布、窗帘等物品						
	保持班内环境和设备的清洁、整齐，做好餐前餐后的准备和收拾，指导幼儿值日生工作						
	指导幼儿洗脸、刷牙，帮助幼儿洗头、洗澡、剪指甲，负责幼儿的个人卫生						
安全工作	每天及时统计幼儿人数						
	下班前关好门窗，关闭电源，保证水电等处于安全状态						
	定期检测班级设施，及时上报，排查安全隐患						
	有一定的防火急救知识及相应的解决措施						

续表

保育工作内容	评价要求	等级					备注
		5	4	3	2	1	
保教配合	热爱幼儿，关心、耐心、细心、热心地对待每个幼儿，配合班级教师，全面、细致地照顾幼儿的一日生活，做好保健、教育工作						
	熟悉本班教育计划，做好活动前的准备和活动后的整理工作						
	根据教育要求自制玩具并协助教师搞好环境布置						
	协助教师组织和参与各项活动和游戏						
	教师因公外出时负责本班的代班工作						

（二）对自己专业的评价

《幼儿园教育指导纲要（试行）》指出："幼儿园应坚持保育和教育相结合的原则。"长期以来，幼儿园保育员队伍存在着非正式编制比例较大，保育员队伍不稳定、工作积极性不高；保育工作停留在卫生安全等方面。比如，只做好清洁卫生和消毒工作，帮助幼儿穿脱衣服，照顾好幼儿的睡眠，要求幼儿不做危险动作等；保育工作往往凭借经验或照搬他人的操作方式，随意性大，常常出现教师组织活动时，保育员在旁边大声吆喝幼儿或随意走动的行为，甚至影响教师的教育教学；部分保育员有一定的保育知识，但没有将其转变为教育行为付诸实践，保育工作无针对性等问题。由此可以看出，保育员队伍的素质是保教工作的不稳定因素，制约了幼儿园保教质量的提升。

幼儿园保育专业评价的内容

保育专业共设三个等级，分别为：初级（国家职业资格五级）、中级（国家职业资格四级）、高级（国家职业资格三级）。

基本要求：

1. 职业道德

1.1 职业道德基本知识

1.2 职业守则

（1）爱岗敬业，热爱幼儿。

（2）为人师表，遵纪守法。

（3）积极进取，开拓创新。

（4）尊重家长，热情服务。

（5）文明礼貌，团结协作。

2. 基础知识

2.1 婴幼儿生理、心理教育的基本知识

（1）婴幼儿生理学知识。

（2）婴幼儿卫生保健知识。

（3）婴幼儿心理保健知识。

（4）婴幼儿教育学知识。

2.2 常见病及常见传染病的基础知识

（1）婴幼儿常见病的知识。

（2）婴幼儿常见传染病的知识。

2.3 婴幼儿常见意外事故的初级处理办法

2.4 婴幼儿营养常识

2.5 相关法律、法规知识

（1）《中华人民共和国未成年人保护法》的相关知识。

（2）《中华人民共和国劳动法》的相关知识。

（3）《中华人民共和国教育法》的相关知识。

（4）《幼儿园工作规程》的相关知识。

（5）《幼儿园管理条例》的相关知识。

初级保育员

知识要求：

1. 了解婴幼儿生理特点、生长发育规律的基本知识。

2. 了解婴幼儿心理特点、发展规律的基本知识。

3. 了解婴幼儿卫生保健知识，掌握常见病及4种传染病的预防、隔离期及简单护理知识。

4. 了解婴幼儿一日生活常规和所在托幼园所（保育机构）安全、卫生保健制度的内容、要求及工作程序。

5. 了解保教结合的意义及婴幼儿教育的原则、方法。

技能要求：

1. 按保育工作程序管理本班婴幼儿一日生活，进行婴幼儿盥洗、进餐、饮水、睡眠、大小便等生活保育，确保婴幼儿的生命安全。

2. 能完成室内外卫生清洁工作，进行日常消毒工作（包括毛巾、餐具、饭桌、便具、玩具等），管理本班设备、用具及婴幼儿衣物等。

3. 进行晨、午、晚检，能及时发现婴幼儿的情绪变化和身体异常，能鉴别2～3种常见病，能简单处理常见的意外损伤。

4. 配合教师组织教育、游戏、体育活动，做好玩教具及材料等用具的准备及整理。

5. 遵循保教结合的原则，坚持正面教育，培养婴幼儿良好的行为习惯和独立生活能力。

中级保育员

知识要求：

1. 掌握婴幼儿生理特点、生长发育规律。

2. 掌握婴幼儿心理特点、发展规律，了解特殊婴幼儿心理特点。

3. 掌握婴幼儿卫生保健知识和常见病以及8种传染病的症状、预防、隔离期及一般护理知识；了解特殊婴幼儿保健、护理知识。

4. 掌握婴幼儿一日生活常规和所在托幼园所（保育机构）安全、卫生保健制度的意义，掌握其内容、要求及工作程序。

5. 掌握保教结合原则的内涵，掌握婴幼儿教育的原则、方法。

技能要求：

1. 按保育工作程序管理各年龄班婴幼儿一日生活，根据婴幼儿生长发育规律和个体差异，采取适当的措施，促进婴幼儿正常生长发育。

2. 较好地完成室内外卫生清洁工作，会配制常用消毒液，进行日常消毒工作（包括毛巾、餐具、饭桌、便具、玩具等），并在保健人员的指导下对传染区进行消毒。

3. 熟练地进行晨、午、晚检，能根据婴幼儿情绪、身体异常，发现2～3种传染病，鉴别4～5种常见病，简单处理4～5种意外损伤；能护理特殊婴幼儿，并做有关记录。

4. 灵活地配合教师组织教育、游戏、体育活动，有一定的组织教育能力，能根据本班婴幼儿特点和活动需要制作简单的玩教具。

5. 贯彻保教结合原则，坚持正面教育，培养婴幼儿良好的行为习惯和独立生活能力，纠正不良习惯。

6. 写出本班学期保育工作计划和总结，指导初级保育员工作。

高级保育员

知识要求：

1. 熟练掌握婴幼儿生理特点、生长发育规律。

2. 熟练掌握婴幼儿心理特点、发展规律；掌握特殊婴幼儿心理特点。

3. 熟练掌握婴幼儿卫生保健知识和常见病以及11种传染病的症状、预防及隔离期、护理知识；掌握特殊婴幼儿保健和护理知识。

4. 熟练掌握婴幼儿一日生活常规和所在托幼园所（保育机构）安全、卫生保健制度的内容、要求及工作程序。

5. 熟练掌握保教结合的原则及教育方法。

技能要求：

1. 按保育工作程序熟练管理各年龄班婴幼儿一日生活，做到既面向全体，又注重个体差异，根据婴幼儿生长发育规律，及时采取措施，促进婴幼儿正常生长发育。

2. 熟练完成室内外卫生清洁工作，熟练配制消毒液，进行日常消毒（包括毛巾、餐具、饭桌、便具、玩具等）。

3. 熟练地进行晨、午、晚检，根据婴幼儿情绪、身体状况等变化发现问题，并采取适当的措施；积极预防常见病、传染病的发生和流行，措施得当，能简单处理6～8种意外损伤。

4. 有组织本班教育、游戏、体育活动的能力，能根据本班婴幼儿特点，创设良好的教育环境。

5. 具有组织、管理保育工作的能力，能指导初、中级保育员工作。

6. 具有总结工作经验的能力，能独立撰写专业文章。

（参照《保育员国家职业资格鉴定》）

二、来自家长的评价

来自家长的评价直接影响到家长对幼儿园卫生保健工作的认可程度。“四二一”（四位老人、爸爸妈妈、一个孩子）家庭结构模式，决定了家长对幼儿在园吃、喝、拉、撒、睡等保育工作高度关切，家长都希望自己的孩子能得到保育员更多的生活照顾。家长对幼儿一日生活“凭空想象”和“道听途说”，造成误解和不信任保育工作的现象时有发生。幼儿园应积极拓宽家长了解幼儿园保育工作的渠道，提高保育员与家长沟通的技巧水平。

（一）帮助家长了解更多保育工作的正面信息

幼儿园保育工作只有全方位向家长开放，才能建立和谐信任的家园关系，让家长对保育工作放心。

1.“请进来”，用保育工作细节让家长体会专业

幼儿园可以通过班级半日活动观摩、家长陪伴和助教等方式邀请家长定期观摩幼儿一日生活保健流程，现场体验保育员对孩子的照顾细节，提高家长对保育工作的专业认知。

2.“多平台”家园互动让家长消除顾虑

保育员可以通过网站、短信、书面通知、“保育之窗”、问卷调查、个别交谈等途径向家长反馈幼儿在园生活的情况，让家长看到保育员对孩子就餐、午睡等环节所给予的个别化的专业照顾，

让家长看到幼儿生活中的点滴进步，比如，幼儿从刚入园时不吃不喝、分离焦虑到后来能独立进餐、快乐游戏的转变等，让家长体验到自己的孩子得到了专业的保育服务。

（二）以专业的解释回应家长的评价

保育员在工作中会遇到形形色色的家长。面对来自家长的评价信息，学会和家长的沟通就显得至关重要。

1. 变被动接受家长评价为主动用事实反馈评价

首先，保育员要给家长树立一个良好的形象，做到心中有孩子。除认真完成本职工作外，也要和幼儿心贴心，关心幼儿的生活，协助教师照顾好每一个幼儿。早晨，当家长把孩子交给保教人员时，要耐心听取家长的嘱咐，让家长安心；离园时，当家长问及孩子的生活情况时，要及时配合教师汇报孩子的饮食起居，并适时地结合孩子的身体状况，给家长一些建议，指导家长更合理地安排孩子的饮食、床褥、衣服……这些悉心的指导会让家长更信任保育员。其次，为幼儿创设清洁卫生、井然有序的生活环境。当家长看到活动室干净又清爽时，一定会感受到保育员对孩子的责任心。

2. 回应语言要委婉

面对家长的负面评价时，保育员首先要善于倾听家长，避免使用“你应该”或“你必须”这样命令性的字眼，而应该说“我认为……”或“你认为怎样”这些婉转、协商性质的词语，这样家长更乐意也更容易接受保育员提出的建议。当然也不能过于谦虚，在面对家长的误解时，语气应该十分肯定，用专业的语言向家长解释，让家长相信你的建议很适用。

3. 回应要有针对性

在解答家长对保育的疑惑、给家长提出建议时，一定要有针对性。这就需要保育员在平时认真观察每个幼儿的生活情况，了解他们的性格特点、生活习惯、优缺点，要说出你采取了哪些保育措施，需要家长怎样配合等，不能泛泛而谈，让家长摸不着头脑，进而对保育员的工作能力产生怀疑。

比如，有些家长经常说“阿姨，我的孩子不会穿鞋，请帮忙穿好”、“我的孩子吃饭慢，请多给喂喂”之类的话，从来不提及让孩子学习生活方面的技能，而是一味让保育员代劳。此类家长在家一定是什么都帮孩子做好，完全不考虑孩子能力的培养，这类家长属于包办代替型家长。这种类型的家长培养出的孩子通常生活自理能力差，做事情自信心不足，不适应集体生活。保育员可以利用家长开放日，让家长发现自己孩子与其他孩子在生活自理方面存在的差距；与家长单独沟通，让家长了解此年龄段孩子应该掌握的生活技能有哪些，帮助家长树立正确的教育观；教给幼儿生活方面的技能技巧，给幼儿提供更多锻炼的机会，帮助幼儿树立自信心，让幼儿愿意为自我服务，并把幼儿的成功及时反馈给家长。

4. 换位思考，用诚恳的态度以心换心

当幼儿在集体活动中发生磕碰伤后，家长会心疼不已，而有的保育员则认为家长大惊小怪，保育员的这种态度会让家长觉得保育员对自己的孩子不够关心，对工作不够负责，进而影响家长与保育员的关系。如果保育员换个角度想想，把受伤的孩子当成自己的孩子，就能很自然地理解家长的心情，处事态度也会大不相同。

（三）典型问题分析与建议

【典型问题1】班级卫生消毒工作做得好不好，决定了保育员勤不勤快、能不能干。

【分析与建议】幼儿园应保教并重，关注个别差异，促进每个幼儿富有个性地发展。幼儿园要把保育工作与教育工作放在同等重要的位置上。随着《幼儿园教育指导纲要（试行）》的颁布，保育员的角色和工作内容发生了很大变化：由侧重“卫生消毒”变为侧重“配班参教”；对幼儿由表面安抚到关注内在需求；由侧重“保”到注重“育”，所有这些变化都要求保育员重新认识自己的工作及角色。

保育过程应体现“以幼儿为本”的思想，即无论是生活设施设备的提供，还是保育的操作行为都要以幼儿生理、心理发展特点为本，创设和提供促进幼儿健康发展的生活环境和宽松、和谐的心理环境，重视幼儿的心理需要，卫生消毒工作的好坏只是保育工作中的一部分，并不能说明保育员勤不勤快、能不能干。

【典型问题2】接待家长是教师的事儿，保育员晨检接待时只需做好卫生保洁就可以了。

【分析与建议】家园联系中保育员的参与对幼儿园工作及幼儿健康成长起着相当重要的作用。保育员在幼儿健康发育及幼儿生活卫生习惯培养中，对幼儿各方面有着自己的观察和评价，保育员主动参与家长工作，可以补充家园联系中关于幼儿健康方面的不足，使“保”与“育”、“家”与“园”更好地结合起来。随着社会的发展，保育的观念从传统的“卫生消毒”、“保护身体发育”扩展到“促进幼儿个性发展和社会适应能力的提高”，保育不仅要体现全面发展的教育观，更要满足家长对幼儿保健信息沟通的需求。通过双向沟通，可以更好地向家长反馈幼儿在园的健康情况，同时可以了解家长对幼儿保健工作的需求。

【典型问题3】教育孩子是教师的事情，保育工作主要是照顾好孩子的生活。

【分析与建议】教育不仅仅是教师的事情，保育工作要保教并重。幼儿期是身体各部分发育的重要时期，也是个性发展的重要时期，更是智力发展的关键时期，幼儿需要保育员全心地爱护和悉心地照顾；保育员和教师同等重要，其一举一动、一言一行将影响幼儿的一生，因此，保育工作绝不是一般意义上的打扫，而应包括对幼儿身体各方面进行保护与促进，对幼儿心理等方面进行保育。保育员必须掌握一定的专业知识，而且满腔热情地投入工作。

【典型问题4】保育工作不需要什么专业，只要对孩子有爱心、耐心、细心，会照顾孩子就可以了。

【分析与建议】想成为一名优秀的保育员，不仅要有爱心、细心、耐心，还要有一定的专业知识。只有了解和掌握幼儿在不同年龄段的生理和心理发展特点，才能实施正确的教育，促进幼儿身心和谐发展，让幼儿有一个健康快乐的童年。

比如，了解了幼儿每个年龄段的生理和心理特点，才能使小班幼儿更快地适应新的集体生活，在正确的常规培养下，逐渐学会最初步的生活自理技能，增强认知能力及人际交往能力。随着年龄的增长，幼儿的肌肉发达了，身体变强壮了，到了中班，幼儿爱跑爱跳，精力充沛，此时应该让幼儿多运动，这样既能让他们的精力得到发泄，又能让他们锻炼身体，思维能力变强；大班幼儿自理能力增强，这个年龄段的幼儿好学好问，保育员平时应该多学习幼儿教育专业知识，积累丰富的教育经验，以便正确引导幼儿。

【典型问题5】保育工作直观明了，做好当天的工作就可以了，不需要写反思总结。

【分析与建议】幼儿园的保育工作是动态的，不仅仅停留于清洁、卫生等层面，保育员通过对日常工作的反思和研讨，可以进一步明确自己的工作范围、工作内容、工作要求，提高保育工作技能。

保育员可以通过观察、了解、分析幼儿一日生活的行为，写观察日记、专题研讨与反思，促进自身专业发展。在实际工作中，保育员进行反思可以从以下四个方面进行：①观察幼儿，发现问题。②寻找科学的理论依据。③探索科学的解决方法。④对管理措施进行效果的分析与评价。

【典型问题6】传染病高发季节，保育员做好卫生消毒工作就可以了，其他工作不重要。

【分析与建议】传染病高发季节，仅做好卫生消毒工作是远远不够的，还要通过健康教育宣传栏、家园联系栏向家长宣传传染病预防知识，给幼儿讲解怎样预防传染病。同时要加强幼儿良好的生活、卫生习惯的培养，让他们多喝水、勤洗澡、勤换衣、多开窗通风；在非常时期不到人多的地方去，以免感染。保育员还要协助教师做好二次晨检，随时观察幼儿的情绪变化并及时进行护理，及时了解缺勤幼儿的情况，如发现有患儿，要做到及时隔离，并做好相关的消毒工作。保育员应做到对家长、幼儿健康教育到位，对幼儿常规培养到位、保健宣传到位，让幼儿安全地度过传染病高发期。

【典型问题7】家长不信任保育员。

宁宁容易生病，家长叮嘱保育员给孩子多饮水。于是，保育员在班上多次给宁宁饮水，充分保证宁宁的饮水量，但是宁宁的家长还是认为孩子在幼儿园喝水少了。保育员问家长："孩子回家说渴吗？"家长说孩子没说渴，但就是认为孩子喝水少了。

【分析与建议】对于家长的不信任，保育员首先要反思，是否自己的行为、语言、表情、态度等不当造成了家长的不信任。如果是，一定要及时地调整并和家长沟通交流，消除误解。每个孩子的个性及身体情况都不一样，保育员对待孩子的态度也不尽相同，尤其是对爱哭、入园适应难、爱生病的孩子会多一些关心、照顾和鼓励，这就容易让家长产生保育员厚此薄彼的想法，进而对保育员产生误解。如果发现了这样的情况，保育员一定要和家长进行沟通，帮助他们理解保育员的做法。同时，也要调整自己的工作方式，让每个孩子都能感受到保育员的爱和鼓励。

有的家长对孩子的事情过于担心，容易对保育员产生不信任。这时，保育员就要通过自己的实际工作消除家长的不信任。比如，有的家长担心保育员照顾不到自己的孩子，那么，保育员就要充分表现出对孩子的关心，甚至比家长还要周到，这样家长就会逐步建立起对保育员的信任感了。

消除家长不信任的很重要的一个桥梁就是孩子。当孩子喜欢保育员、信任保育员时，家长对保育员的信任度也会相应地增加。比如，幼儿刚入园时家长因为不了解保育员，不信任感是最强烈的，这时孩子哭闹的也最多。保育员在这个阶段给予孩子充分的呵护、照顾，使孩子和保育员建立起亲密的关系，当家长看到孩子由哭闹着入园，到高高兴兴地入园时；由躲在妈妈怀里不肯进班，到蹦蹦跳跳扑进保育员的怀抱时；当听到孩子说喜欢保育员时，家长对保育员的信任感很自然地就建立起来了。

【典型问题8】新生入园时容易生病，家长认为保育工作没做好，幼儿生活没有被照顾好。

【分析与建议】面对这种情况，保育员要积极主动地和家长进行沟通，及时向家长告知幼儿的身体状况，并且要告诉家长，新生年龄小，生理、心理发育不够完善，对新环境适应能力较差，抵抗疾病的能力较弱，缺乏独立生活能力，所以容易生病，因此特别需要成人的照料、爱护、引导。同时，在日常生活中要更认真、细心，做到早发现、早反映，对体弱的幼儿在日常生活中要多照顾。

具体说来，保育员可以采取以下措施：

首先，要与家长达成默契，取得他们的理解和信任。保育员可以通过家长会、家园联系栏等途径告知家长，幼儿刚入园时需要一段时间适应。保育员要与家长多沟通，主动与家长交流，向家长详细地介绍幼儿的一日生活情况，并且多了解和认识孩子，对孩子耐心、有爱心和细心，对工作认真负责。

其次，跟家长解释，幼儿在刚入园时易生病的原因：从一个熟悉的环境到另一个陌生的新环境，需要一个适应的过程。请爱哭闹的幼儿的家长配合老师、保育员安抚幼儿情绪，分散幼儿的注意力，让幼儿尽快适应幼儿园生活。对家长交代的体质差的孩子要多关注，给出汗的孩子及时垫毛巾，对带药登记的孩子随时观察，多摸摸孩子看有无发烧，一定要保证家长交代多喝水的孩子喝够水。此时家长要做的是配合教师、保育员安抚幼儿，使幼儿尽快适应幼儿园的生活环境。

最后，对生病的幼儿及时进行反馈跟踪，给家长打电话问问孩子的病情，比如，到底是得了什么病、需要休息几天、什么原因得的病等。打电话一方面可以表示对孩子的关心，另一方面可以取取经，提前关注其他孩子有无此方面的问题。

保育员唯有将工作做细做好，才能赢得家长的信任。

三、来自教师的评价

教师对班级保教工作全面负责，并指导、协调本班幼儿安全、卫生保健、教育教学等工作。作为幼儿教师的助手，保育员辅助教师负责幼儿的保健、养育并协助教师对幼儿进行教育。由此可见，保育员工作是幼儿教育工作的重要组成部分；同时，教师对保育员工作的配合、指导与评价，有助于提高保育员的工作效能。

（一）变“被动接受”为“主动参与”

有经验的教师都知道：与优秀的保育员配班，工作起来“称心如意”；与缺乏责任感的保育员配班，总是感觉到“保教分家”，保教工作总是不协调。鉴于教师的这种评价，保育员要主动提高自己的合作意识与责任感，主动了解幼儿园的办园目标、培养目标及幼儿教育发展的要求等，然后理论联系实际，在组织活动中主动与教师合作。比如，与教师一起布置环境、帮助教师制作活动区材料、为本班幼儿制作游戏材料、参与幼儿的各项活动等。

（二）学会与教师沟通，在交流中提升自己

教师和保育员之间的沟通，有助于保教之间相互渗透、有机融合。面对来自教师的指导和评价信息，保育员要善于和教师沟通，在与教师交流的过程中，增进教师对保育工作的理解和支持，争取教师对保育工作的更多配合。

《幼儿园工作规程》指出：“保育员在老师指导下，管理幼儿生活，并配合本班教师组织教育活动。”由此可见，教师有责任、有必要利用一日活动有效地与保育员互动，通过与保育员沟通交流，指导保育员日常工作，提高保育员的业务素质，从而与保育员携手并肩，共同完成保教任务。

保育员在接受教师指导的同时，要积极参加保育知识专业培训，提高对保育专业的认识，了解保育工作内涵，避免“只知保育而忽略教育”的现象。在保育工作实践中，要自觉学习幼儿教育学、心理学的知识，掌握基本的幼儿教育技能与方法。保育员只有具备专业的保教素质，才有可能配合好教育活动的开展，才能真正做到“保教合一”，才能更好地为幼儿的健康成长服务。

四、来自管理者的评价

幼儿园管理者对保育工作采用科学的考核评价方式，能为保育工作的开展起到导向作用。管理者评价内容的全面性、督导的时效性、评价的适宜性，可以激发保育员工作的积极性、主动性，有助于提高幼儿园的保育工作水平，保障幼儿健康成长。

（一）建立科学有效的保育工作考评制度

幼儿园管理者应制定科学的考评量化标准，客观评判保育员的工作质量，避免主观臆断。管理者对保育工作的评估内容主要包括：一日保育规范操作、卫生及消毒、保教配合及家长工作等。在日常保育评估中，幼儿园管理者要坚持“日常评估与重点评估相结合，随机评估与定期评估相结合，横向评估与纵向评估相结合”的原则，增强保育评估工作的针对性与实效性。

（二）构建幼儿园保育工作评价体系

幼儿园管理者应确定合理的保育工作评价指标，通过保育工作分类问卷调查的方式，收集保育员工作质量信息并进行汇总分析，积极引导保育员对来自各方面的评价信息进行总结反思，调整保育工作思路，规范保育行为，促进保育员更好地、持续地发展。

幼儿园管理者应开展赏识评价，对保育员进行绩效考评，推动保育员之间优势互补；应开展“创优争先"评比活动，给予保育员分层奖励，充分调动保育员工作的积极性，增强保育员的责任心和竞争意识。

万千教育 学前教育类书目

书号	书名	著、译者	定价(元)
幼儿园区域活动指导			
1935	幼儿园户外环境创设与活动指导（全彩）	董旭花 等 著	72.00
2103	幼儿园社会区材料设计与评价（四色）	王微丽 霍力岩 主编	60.00
1950	幼儿园科学区材料设计与评价（全彩）	王微丽 霍力岩 主编	60.00
1951	幼儿园生活区材料设计与评价（全彩）	王微丽 霍力岩 主编	60.00
1782	幼儿园数学区材料设计与评价（全彩）	王微丽 霍力岩 主编	60.00
1800	幼儿园语言区材料设计与评价（全彩）	王微丽 霍力岩 主编	60.00
2598	幼儿园艺术区材料设计与评价（全彩）	王微丽 霍力岩 主编	60.00
9613	幼儿园区域活动 ——环境创设与活动设计方法（全彩）	王微丽 主编	60.00
9149	小区域，大学问 ——幼儿园区域环境创设与活动指导	董旭花 等 著	30.00
9548	幼儿园创造性游戏区域活动指导 （角色区・建构区・表演区）	董旭花 等 编著	32.00
9549	幼儿园自主性学习区域活动指导 （生活操作区・美工区・益智区・科学区）	董旭花 等 编著	35.00
0156	幼儿园区域活动现场指导艺术 ——透视38个区域故事	董旭花 等 著	38.00
9134	如何有效实施幼儿园主题性区域活动	秦元东 等 著	24.00

7937	幼儿园科学区（室） ——科学探索活动指导117例	董旭花　主编	28.00
幼儿园区域活动指导合计			679.00
幼儿园园所管理			
2102	破解幼儿园园长的50个管理难题	苏晓芬　等　著	48.00
1784	幼儿园危机管理策略与实例	周丛笑　等　编著	52.00
1596	幼儿园安全管理策略	张春炬　李　芳　主编	42.00
0039	园本培训促进幼儿教师专业发展	晏　红　著	32.00
9883	幼儿园教研活动设计与实施	莫源秋　著	32.00
9620	幼儿园保育员工作指南	伍香平　等　主编	20.00
9438	幼儿园园长的领导艺术	任　民　李迎春　著	32.00
9006	幼儿园园长临场应变技巧50例	卢　俊　著	20.00
9012	幼儿园园长易犯的80个错误	伍香平　主编	25.00
幼儿园园所管理合计			303.00
幼儿园教师专业成长指导			
2113	做会沟通的幼儿教师	胡剑红　等　主编	38.00
2236	幼儿园文案撰写规范与技巧	刘　敏　等　著	52.00
2311	幼儿园探究性环境创设（四色）	康　丹　等　译	48.00
2056	小脑袋，大问题（四色）	孟　晨　译	48.00
2309	破解幼儿园教师的90个工作难题	杜长娥　徐　钧　主编	52.00

2112	幼儿园优质教研活动设计方案	朱　清　等　著	38.00
1781	给青年幼儿教师的建议	吴邵萍　著	40.00
8470	答新手幼儿教师120问	刘洪霞　主编	28.00
1798	幼儿园新手教师指导手册	王　芳　等　著	48.00
1783	从新手到骨干——幼儿教师专业成长故事	尹坚勤　编著	42.00
1780	幼儿教师追求幸福的方法	余胜兰　著	42.00
9111	做个幸福快乐的幼儿教师 ——为你的专业成长支招	莫源秋　著	28.00
9047	幼儿教师临场应变技巧60例	冯伟群　著	25.00
8930	幼儿教师易犯的150个错误	伍香平　编著	32.00
0070	幼儿教师必知的礼仪规范	向多佳　编著	38.00
9611	幼儿园教师必知的60条教育政策与法规	洪秀敏　编著	34.00
幼儿园教师专业成长指导系列合计			633.00
幼儿园教师教学技能与活动指导			
2253	理解儿童心理从绘画开始（全彩）	陈　侃　著	38.00
0760	幼儿园备课·说课·听课·评课	俞春晓　等　著	42.00
8598	幼儿园集体教学活动设计方法与实例	俞春晓　著	28.00
9499	幼儿教师必须修炼的10项教学技能	俞春晓　著	25.00
9454	幼儿园教学诊断技巧与对策58例	王春燕　等　著	38.00
1799	幼儿园电影主题活动创意设计（全彩）	王微丽　等　主编	72.00

9612	幼儿园综合主题活动 ——设计技巧与优秀案例	赵旭莹　等　主编	42.00
1235	幼儿园绘本美术活动创意设计（全彩）	郭莉萍　赵福云　主编	68.00
9323	幼儿园美术活动创意设计（全彩）	罗　梅　赵福云　主编	56.00
0180	给幼儿教师和家长的81条美术教育建议（全彩）	李力加　著	62.00
9150	幼儿园节日活动精彩设计方案	刘洪霞　主编	35.00
9590	幼儿园语言活动创新设计	郭咏梅　著	32.00
0157	幼儿园优秀语言活动设计70例	郭咏梅　主编	26.00
0453	幼儿园优秀体育活动设计99例	朱　清　侯金萍　主编	45.00
9892	幼儿园优秀美术活动设计99例（全彩）	陈学群　余　晖　主编	58.00
9591	幼儿园优秀健康活动设计80例	范惠静　主编	38.00
9439	幼儿园优秀社会活动设计65例	伍香平　主编	25.00
9385	幼儿园优秀科学活动设计88例	董旭花　主编	35.00
9951	幼儿园科学探究故事20例	王明珠　主编	40.00
幼儿园教师教学技能与活动指导合计			805.00
幼儿行为观察与应对指导			
2308	0—8岁儿童纪律教育 ——给教师和家长的心理学建议（第七版）	蔡　菡　译	72.00
9138	幼儿行为的观察与记录（第五版）	马　燕　等　译	32.00

……

欲了解更多图书信息，请登录：www.wqedu.com
联系地址：北京市西城区三里河路6号院2号楼213室　万千教育
咨询电话：010-65181109，65262933

*本目录定价如有错误或变动，以实际出书为准。